MBTI
연애 심리학

'그 사람'이라는 오지를
탐험하는 당신을 위한 내비게이션

MBTI
연애 심리학

박성미 지음

한 사람을 우주와 같이 이해하기

한 사람을 깊게 이해하기는 어려운 일이다. 한 사람을 만난다는 건 하나의 세계를 만나는 것과 같아서 오지를 탐험하는 인류학자가 되어 낯선 세계의 질서를 찾아내야 한다. 그런 노력을 하겠다고 이 책을 읽으려 손에 든 당신은 용감한 사람이 분명하다. 사랑하는 사람을 이해하고 싶어서, 내가 좋아하는 사람의 속마음이 궁금해서, 애초에 나와 맞는 사람이 어떤 스타일인지 알고 만나고 싶어서 등등 책을 든 목적은 조금씩 다르겠지만, 사람을 심층적으로 살펴보고 싶다는 것에는 동일할 것이다.

청년 시절, 나는 인간에 대해 궁금했고, 그중에서도 보이지 않는 내면과 그로 인한 행동의 패턴에 관심이 가 심리학을 공부했다. 아니다, 사실은 심리학을 배워 연애를 잘하고 싶었고, 인간보다는 미래의 배우자에 대해 관심이 많았다. 대체 인연은 어떻게 알아보는 거고, 금실 좋은 부부가 되려면 어떤 노력을 해야 하는 건지 알고 싶었다. 그 답을 찾았냐고? 아주 조금, 어렴풋이나마.

　학부생 신분으로 더위나 추위를 피해 자주 가던 곳은 학교 도서관이었다. 넓고 쾌적한데다가 조용했고, 아무도 앉지 않는 공간 한 귀퉁이에는 책이라는 물성을 가진 새로운 세상이 기다리고 있었다. 문자와 종이로만 되어 있는 세상을 해독하는 건 어려운 일이지만, 나는 사람을 이해하는 것이 더 어렵게 느껴졌다. 그 시절 자유롭게 주제를 넘나들며 책을 많이 읽을 수 있었는데, 특히 MBTI에 관한 책들을 재밌게 읽었다. 당시 일본에서 MBTI에 대해 재밌게 쓴 책들이 국내에 많이 번역되어 있어서, 나에게 스트레스를 준 사람들을 떠올리며 진심으로 몰입하면서 읽었다. 당시에는 학교 상담소에서도 MBTI를 받을 수 있었고, 상담 사례연구 논문에서도 MBTI를 시행한 것을 심심치 않게 발견할 때였다. MBTI를 검사로서 신뢰할 수 있느냐 하는 이야기는 차치하고, 정체성에 대한 고민이 많았던 청년 시절 나에게 MBTI는 있는 그대로 나를 긍정하는 듯했다. 최근 MZ세대에게 MBT가 선풍적인 인기를 끌다 못해, 인사처럼 편하게 주고받는 정보가 된 것은 아마도 청년 시절 내가 MBTI에서 위로받은 것과 비슷한 이유가 아닐까?

이 책을 펼쳐 든 사람이라면 이미 MBTI에 대해 잘 알겠지만, 검토 차원에서 MBTI를 개략적으로 훑어보기로 하겠다. MBTI는 사람의 성격personality을 4개의 척도를 사용해서 16개로 유형화한 검사다. 심리학계에서 외면받기 전까지는 상담 현장에서 빅5Big-Five 검사와 함께 활발하게 쓰였던 성격 검사였다. 사실 심리학에서도 일반 상담 영역에 국한되어 주로 사용되었고, 한국MBTI연구소에서 시행하는 검사 시행에 관한 전문자격 훈련은 여타의 심리 검사와 다르게 심리학 전공이라는 조건으로 제한하지 않는다. 말하자면, 심리학에 통제받지 않는 성격 검사라 할 수 있다. 심리학에 통제받지 않는 심리 검사라니 그럼 별거 아닌 건가, 할 수 있지만, MBTI처럼 전 세계에서 많은 사람이 해본 검사도 드물다(빅5 검사나 에니어그램도 전 세계에서 많이 시행된 검사이긴 하지만, MBTI와 우열을 가리기는 어렵다. 특히, 에니어그램은 MBTI보다 훨씬 더 '심리학'적이지 않다).

MBTI에는 분명 검사로서 매력이 있고, 그 매력은 MBTI의 한계로도 지적되는 '유형화'에 있다. 16가지 유형은 사람을 단순하고 피상적으로 이해하는 사람에게는 다양성에 대해 인식하게 하고, 사람을 개개인의 세세한 특성으로 구분해서 파악하려 하다 혼란스러운 사람에게는 16가지로 정리가 되는 부분이 있어서 도움이 된다. 또한 MBTI 유형은 스토리텔링에 유리하다. 남자친구를 이해하지 못해 힘들어 하던 딸과 같은 사람들을 위해 MBTI를 최초 개발한 캐서린 쿡 브릭스Katharine Cook Briggs가 융의 성격 이론을 바탕으로 인간의 성격을 유형화할 때 위인들을 예시로 들어 설명하는 것으로 시작했기 때문에, MBTI 하나의 유형은 한 사람의 특성 같이 이야기를 풀어나가기 용이하다. MBTI의 한계와 유용성은 명확하니, 이 책을 읽는 여러분도 책을 읽는 내내 유념하길 바란다.

이 책은 MBTI를 연애에 유용하게 활용하기 위한 것으로, 크게 MBTI 4가지 척도에 대한 설명과 16가지 유형별 설명으로 나뉘어 있다. 1부에서는 MBTI 개발 배경과 MBTI 4가지 척도별 연애 방식이 어떻게 달라지는지, 그리고 4가지 척도 중 연애의 질적인 면에 가장 영향을 크게 미치는 척도가 무엇이며,

왜 그런지 설명했다. 이 책이 중점으로 둔 것은 2부이다. 2부에서 16가지 유형을 하나씩 다루면서 해당 유형을 독자가 사랑하는 연인으로 가정했다. 마치 로맨스 소설에서 남자주인공에 대해 알고 싶은 여자주인공에게 은둔형 마녀가 비법을 전수해 주는 거라 할 수 있다. 당신의 연인이 어떤 성격적 특성을 가지고 있는지, 출생순위별로 어떻게 조금씩 달라지는지, 성격적 특성이 연애할 때 어떻게 반영되는지, 추천 데이트 코스와 연령대별 공략법까지 제시했다. 특히 사랑하는 사람에 대한 기술이니, 해당 유형에 대한 강점 위주로 전개하며 약간의 우려를 덧붙였다.

아직 연애 대상이 없더라도 이 책은 여러분의 연애 욕구를 자극해, '나도 연애할 수 있다' 자신감을 불러일으키라 자신한다. 이 책을 읽기 전에는 캄캄한 암흑이어서 보이지 않았던 우주가 이 책을 읽고 난 후에는 수많은 별로 가득 차 있고, 그 안에 질서가 있음을 알게 되는 즐거움을 경험할 것이다.

부디 여러분이 이 책을 판단과 규정이 아니라, 사랑하는 사람을 더 깊이 이해하기 위해, 더 나아가 쉽게 이해하지 못했던 사람을 끌어안기 위해 활용하길 바란다.

A

사랑의 첫 번째 의무는
상대방에 귀 기울이는 것이다.
독일의 신학자, 폴 틸리히Paul Johannes Tillich

2부
연인 케미 폭발!
당신이 알아야 할 MBTI 연애 세부 전략

1장 _ 지금, 이 순간을 즐기는 게 중요해
ESTP, ESFP, ISTP, ISFP

2장 _ 매일 꿈꾸고 여러 방면으로 행복을 찾아
ENTP, ENFP, INTP, INFP

3장 _ 눈에 보이고 손에 잡히는 사랑을 원해
ESTJ, ESFJ, ISTJ, ISFJ

4장 _ 더 나은 세상과 우리의 성장을 원해
ENTJ, ENFJ, INTJ, INFJ

1부

MBTI를 아시나요?

당신을 위한
MBTI 간편 사용설명서

이해와 포용을 위해 시작된 MBTI

"엄마, 나 조나단하고 헤어져야 할까 봐. 더 이상 못 만나겠어!"

이사벨이 집에 들어오자마자 캐서린을 발견하고는 붙잡고 하소연했다. 일주일 전만 하더라도 사랑하는 남자친구라며, 집에 데려와 캐서린에게 인사시킬 때는 언제고, 헤어진다니. 캐서린은 당황했지만, 차분함을 유지하며 이사벨을 달래었다.

"내가 보기엔 괜찮은 아이 같던데, 둘 사이에 무슨 일이 있었니?"

"걔, 너무 이상해. 데이트할 때도 매번 계획 없이 만나서 되는 대로 돌아다니다가 가게 들어가고…. 내가 계획 세우는 것도 한두 번이지, 너무 성의 없잖아. 그러면서 내가 조금만 뭐라 하면 상처받았다 하고 말도 안 하고 슬픈 표정 짓고 있고. 그리고 답답하게 밖에 돌아다니는 것도 안 좋아하고, 집에 가만히 있으려고만 해. 진짜 이상한 점은 현실 감각이 전혀 없다는 거야. 우주에 있을지 없을지 모르는 외계인에 대해서나 관심이 있고. 외계인이 지구에 침공할까 봐 두려워하는 것보다 고등학교 졸업 후 진로를 걱정해야 하는 거 아냐?"

이사벨은 캐서린에게 그동안 조나단과의 관계에서 속상했던 마음을 쏟아내었다. 캐서린이 이사벨의 어깨에 손을 올리며 말했다.

"딸아, 네 이야기를 들어 보니 조나단은 너와 다른 성향의 사람 같구나. 그렇다고 조나단이 이상한 건 아냐. 세상에는 다양한 성향의 사람들이 존재하고 있어."

―――

다양한 성향의 사람들을 포용하기 위해

이사벨과의 대화 이후, 캐서린은 홈스쿨링으로 자란 이사벨을 위해 융의 성격 이론을 바탕으로 인간의 성격을 4개의 척도로 나누고 16가지 유형으로 구분했다. 16가지 성격 유형을 효과적으로 설명하기 위해 위인들의 사례를 들어, 한 권의 책을 완성했다. 이것이 MBTI 성격유형검사의 시작이다. MBTI는 '마이어스-브릭스 유형 지표Myers-Briggs Type Indicator'의 약자로서, 엄마 캐서린 쿡 브릭스Katharine Cook Briggs가 딸 이사벨 브릭스 마이어스Isabel Briggs Myers가 남자친구와 갈등을 겪는 것을 보고, 딸에게 사람의 성격 유형이 '적어도' 16가지 유형은 있으니, 서로의 다른 점을 수용하고 다양성을 존중하길 바라는 마음에서 시작되었다. 앞에 제시한 캐서린과 이사벨의 대화는 독자의 이해를 돕기 위해 각색, 극화한 것이다. 저술 이후에도 캐서린은 아이들의 성향에 따라 가지고 있는 각자 다른 장점을 계발해 더 나은 삶을 지향하길 바라며 연구를 지속했고, 엄마 캐서린에 이어 딸 이사벨이 검사 도구로서 발전시켰다.

———

나와 맞는 사람을 찾는 게 아니라, 사랑하는 사람을 이해하기 위해

최근 심리학에서는 측정에 있어 기본이라 할 수 있는 신뢰도, 타당도가 낮다는 이유로 MBTI를 검사 도구로 인정하지 않지만, 2000년대 초반까지는 상담 사례 연구논문에서 MBTI를 심심치 않게 사용하는 걸 발견할 수 있었다(당시엔 심리학 전공생이라 하면, 사람들에게서 "내 마음을 읽어봐" 내지는 "지금 날 분석하고 있는 거 아니야?"라는 피드백을 받았다). 그러나 심리학계에서 MBTI를 검사 도구로서의 한계를 지적하며 점차 연구에서 사용하지 않는 동시에, 1990년대생들이 20대로서 등장한 10여 년 전부터 MBTI는 대중적으로 인기가 높아졌다. 이제는 새로운 사람을 만났을 때 MBTI 유형으로 자신을 소개하고 상대방의 유형을 소개받은 뒤에 만남을 시작하기에 이르렀다. 일본에서는 한국보다 10년 정도 앞서 MBTI가 대중적 인기를 얻었고, 따라서 2000년대 초반 한국에 출간된 MBTI 관련 도서의 상당수는 일본에서 나온 것을 번역 출간한 것이었다. 시기는 다르지만, 일본과 한국은 똑같이 혈액형 심리에 이어 MBTI 심리의 영향권 아래 있다.

　최근 한국에 MBTI 관련 도서들이 쏟아지고 있고, 자신을 알아가기 위해서, 혹은 나와 맞는 사람을 찾기 위한 책들이 많다. 그러나 문제는 MBTI 유형으로 나의 성격을 고정하고, 누군가를 깊이 이해하기도 전에 나와 맞는 사람을 찾는 용도로 쓰는 것은 MBTI 개발 취지와 맞지 않게 편견을 굳건히 하는 것이다. MBTI를 개발하게 된 배경에서 밝혔다시피 MBTI는 인간의 다양성을 존중하고, 서로 다른 강점을 인정하고 키워나가는 것으로, '다름'을 수용하는 검사다. 따라서 MBTI 4가지 척도와 16가지 유형 분석은 나와 다른 사람을 이해하려는 용도로 사용해야 한다(나와 반대의 유형이라면, 다른 유형에 비해 좀 더 노력이 필요하단 뜻으로 이해하면 좋다).

　이 책에서는 MBTI 검사의 개발 취지에 따라 여러분이 사랑하는 사람을 이해하기 위한 용도로써 활용할 수 있게 도우려 한다. 16개의 유형이 다른 16개의 유형을 만난다면, 그 연애 유형은 얼마나 다양할까? 16×16=256, 최소한 256개의 유형이 생긴다. 그리고 똑같은 MBTI 유형이라도 20대에 만났을 때와 30대, 40대에 만났을 때 연애 경험의 내용이 다를 것이고, 첫째나 둘째, 혹은 막내인가에 따라 욕구의 표현이 다를 것이다. 그러니 세상 아래 같은 연애는 없으며, MBTI로 할 수 있는 최선은 서로를 '이해'하려는 노력에 있다. 두려움 없이 사랑하라!

A

당신을 탓했던 모든 건
내 틀에 당신을 맞추려고 했기 때문이야.
정말 미안해.

영화 〈Her〉

한눈에 파악하는 MBTI 유형별 연애 특성

지금, 이 순간을 즐기는 게 중요해

ESTP
날 표현하는 게 무엇보다 중요해.

ESFP
사랑은 열정이야.

ISTP
사랑하는데, 표현이 더 필요해?

ISFP
난 너만 있으면 돼.

매일 꿈꾸고 여러 방면으로 행복을 찾아

ENTP
사랑은 일종의 게임이지.

ENFP
어떻게 사랑이 안 변하니?

INTP
넌 사랑이 뭐라고 생각하니?

INFP
고달픈 내 인생에
너라는 빛이 찾아와 줬구나!

눈에 보이고 손에 잡히는 사랑을 원해

ESTJ
너와의 사랑을 이렇게 정의하고 싶어.

ESFJ
우와! 너는 천사구나!

ISTJ
사랑에도 신뢰가 중요해.

ISFJ
네가 좋아하는 것이라면, 다 좋아.

더 나은 세상과 우리의 성장을 원해

ENTJ
이상하게 난 자꾸 네 앞에서만 약해져.

ENFJ
너와 행복할 수 있도록 노력할게.

INTJ
널 사랑하기 때문에 할 말이 있어.

INFJ
난 항상 널 느껴.

표현 방식도, 데이트 스타일도 참 달라!
4가지 척도별 연애 스타일

MBTI는 4개의 척도에서 2개의 방향성을 선택하여 16가지 유형을 알아보는 검사로, 여기에서는 크게 4개의 척도별로 연애에 대한 다른 가치관을 가졌는지 알아보려 한다. 척도 점수가 한쪽으로 강하게 쏠렸을 경우 해당 척도의 특성이 강하게 나타나겠지만, 그렇지 않은 경우에는 외부의 상황과 자신의 상태에 따라 다르게 나타날 것이다. 그렇기 때문에 항상 마지막으로 출력되는 행동과 자신의 MBTI 결괏값이 일치하지 않을 수 있다는 점을 염두에 두어야 한다. 여기에서는 척도별 연애 방식을 이해하기 쉽게 표현했으니, 즐겁게 받아들이시길.

에너지 방향에 따라 E vs. I

E	← 에너지 방향 →	I
Extraversion, 외향형		Introversion, 내향형

첫 번째 척도는 에너지의 방향에 관한 것으로, E(외향형)는 에너지 방향이 외부로 향해있는 반면에 I(내향형)는 자신의 내면세계로 향해 있는 것을 말한다.

먼저, 다른 사람들과 적극적으로 소통하고 외부로부터 에너지를 얻는 E는 사랑에 빠지면, 그 감정을 적극적으로 외부에 표현한다. 심장에서 요동치는 감정을 표정이나 행동에서 숨기지 못하며, E를 주의 깊게 지켜본다면 지금 누굴 사랑하고 있는지 알아채기가 쉽다. 상대를 향해서 감정을 표현하기도 하면서 동시에 다른 사람들에게도 자신의 사랑을 숨기지 못하기 때문에 그렇다. E의 점수가 40점(50점 기준) 이상의 극 E가 열렬하게 사랑에 빠지면, 아마도 자기 심장을 상대에게 꺼내주려고 할지도 모른다.

반면, I는 자신의 사랑을 가슴속 깊이 음미하려고 한다. 상대를 현재 얼마나 사랑하고 있는지 측정하려고 하고, 있는 그대로 자신의 사랑을 표현하는 것에 어려움을 느낀다. I가 열렬하게 사랑에 빠졌다면, 아마 상대 앞에서 편하게 행동하지 못해서 마치 로봇처럼 움직이며, 안면 근육에 이상이 올지도 모른다. 그런 I를 누군가 본다면, 몸 어디가 불편한가보다 여길 수도 있다. 그만큼 I의 마음을 알아채는 것은 쉽지 않다. 그러나 I 또한 가만히, 오래 지켜보면, I의 시선이 누군가를 향해 오래 머무는지, 누구를 보며 조용히 웃는지 알아챌 수 있다. I는 감정을 드러내는 데에 신중하기 때문에 자신이 생각한 최적의 타이밍에 용기를 내어 표현할 것이다.

E의 사랑은 운동장에 내걸린 플래카드, 응원단장의 외침.
I의 사랑은 내 방 서랍에 간직한 편지, 마트료시카의 마지막 인형.

인식 방식에 따라 N vs. S

N		S
iNtuition, 직관형	← 인식 방식 →	Sensing, 감각형

사람이나 사물 등과 같은 정보를 어떻게 받아들이는지, 세상을

어떻게 인식하는지에 따라 N(직관형)과 S(감각형)로 나눌 수 있다. N이 놀라운 상상과 직관을 통해 세상을 인식하고 먼 미래나 보이지 않는 추상적 영역에 관심을 두는 반면에, S는 오감을 통해 경험할 수 있는 구체적인 실제 경험을 중시하여 현실적 문제 인식과 해결에 관심을 둔다. N은 세상을 바라볼 때, 눈에 보이지 않고 현재는 증명해낼 수 없는 추상적 영역까지 바라본다. 그래서 N은 사건과 언어 이면에 있는 정보를 꿰뚫어 보는 놀라운 통찰을 보여줄 때도 있지만, 그 통찰을 하나씩 검증하는 과정의 필요성을 낮게 평가한다거나 먹고사는 문제와 같은 현실적 문제에 관심을 가지지 않아 공상에 빠진 '어린 왕자'와 같아 보이기도 한다.

당신이 N을 사랑한다면, 아마도 N의 엉뚱하면서도 범우주적 관심 분야에 반했을지도 모른다. 엉뚱한 줄로만 알았던 N이 가끔 놀라운 직관력으로, 당신조차 외면했던 당신의 진짜 모습을 발견해서 당신을 무장 해제시킬 수도 있다. 그러나 N은 그걸 어떻게 알아냈는지 당신에게 구체적으로 설명하는 데에 어려움을 느낄 것이다.

당신이 S에게 반했다면, S의 꼼꼼한 면과 탁월한 현실 실행 능력이 한몫했을 것이다. S는 이 세상을 살아가는 데에 필요한 능력을 갖추려고 노력한다. 회계가 필요하다면 회계를 공부할 것이고, 이케아에서 가구를 사서 설명서만 보고 조립이 가능한 사람이다. 이런 S와 함께 있다 보면, 눈앞을 가렸던 현실적인 문제가 차츰 해결되는 걸 목격할 수 있다.

N과의 연애는 당신에게 독특한 이상적 경험.

S와의 연애는 당신의 현실이 바뀌는 경험.

의사결정 방식에 따라 T vs. F

T	← 의사결정 방식 →	F
Thinking, 사고형		Feeling, 감정형

우리는 살면서 많은 판단과 의사결정을 할 때가 많다. T(사고형)는 의사결정을 할 때 논리적으로 객관적인 사실에 근거하지만, F(감정형)는 타인과의 관계, 감정 등의 상황적 변수를 고려한다. T가 이성에 근거하여 상황에 상관없이 보다 일관된 모습을 보인다면, F는 감성에 근거하여 상황에 따라 다른 모습을 보인다.

T의 매력은 논리적이고 공정한 데에 있다. T에게 고민 상

담을 하면 항상 명쾌한 해결책을 들을 수 있고, 에둘러 얘기하지 않고 핵심 중심으로 얘기하다 보니, 이 복잡한 세상 T와 함께 한다면 명확해질 것 같다. 상황적 변수를 고려하지 않는 T는 연인이자 멘토로서 당신의 약해진 멘탈을 강하게 단련시키지만, 어떤 때는 당신이 깊은 속내를 드러냈을 때 가볍게 여기는 것 같이 느껴질 수도 있다. T는 사실관계 위주로 이성적으로 판단하다 보니, 표현 방식이 단순하고 차가울 수 있다.

당신이 F에게 반했다면, F의 온정어린 태도와 깊은 공감 때문일 것이다. F에게 고민 상담을 하면, 제일 먼저 들을 수 있는 답변은 "속상했겠다. 넌 이제 괜찮아?" 일 것이다. F의 위로를 받다 보면, 수족냉증이 완화되고 가슴에 딱딱하게 맺혀있던 것이 부드럽게 풀리는 느낌이 든다. 이 냉혹한 세계를 F와 함께 헤쳐 나간다면, 단단한 보호막 하나 얻은 것 같을 것이다. 그러나 너무 많은 상황적 변수를 고려하는 F가 우유부단해 보일 수 있다. 전에는 불가능했던 게 이번에는 될 수도 있고, 그 반대가 될 수도 있다. 거기다 맺고 끊는 게 명확하지 않은 것 같아, 걱정된다.

T는 쿨한 연인으로 명확한 해결책을 낸다.

F는 다정한 연인으로 당신을 보호하려 한다.

생활양식에 따라 J vs. P

J		P
Judging, 판단형	← 생활양식 →	Perceiving, 인식형

MBTI의 네 번째 지표는 생활양식, 선호하는 삶의 패턴에 대한 것으로, J(판단형)는 어떤 일에 대해 시작과 끝이 명확한 것을 선호하는 반면, P(인식형)는 과정 자체를 즐긴다.

J는 당신과 데이트하는 시간을 허투루 보내려 하지 않을 것이다. 작은 목표라도 설정하고, 데이트 장소뿐 아니라 당신을 만나러 가는 교통수단과 시간까지도 염두에 두고 있다. 약속 시간을 지키는 걸 우선시하지만, 만약 당신이 자주 약속 시간을 늦는다면 그것까지 계산해서 당신과 약속 시간을 잡을 것이다. 극 J의 경우, 물건을 정리하는 데에 시간을 많이 할애하는 등 자신과 관련된 장소나 사람을 통제하려는 강박적인 모습을 보이기도 한다. 완벽해 보이는 J의 내면을 살펴보면, 누구보다 불안이 강하다는 걸 알 수 있다. 그러니 J에게 '가끔 이대로도 괜찮아'라며 결과에 상관없이 편안해도 된다고 말해주는 것이 필요하다.

P는 삶이라는 긴 항해에서 자유로움을 추구한다. 애초에 자신이 가고자 했던 곳이 아니라, 엉뚱한 곳에 도착해서도 즐거움을 느낄 수 있다. 당신과의 데이트 또한 P는 당신과의 만남 그 자체로 즐거워한다. 여유롭고 해맑은 P와의 만남은 당신에게 답답한 일상을 벗어나는 자유로움을 경험하게 하지만, P가 약속을 잘 안 지키고 일을 제때 마무리하지 못하는 모습에 실망할 수도 있다. 당신이 P를 조금만 더 이해해준다면, P는 당신에게 예상치 못한 기쁨을 안겨줄 것이다.

J는 당신에게 취향 저격 맞춤형 데이트 코스를 선사할 것이다.

P는 당신이 생각지도 못했던 데이트 경험을 선사할 것이다.

한눈에 보는 MBTI 4가지 척도별 연애 스타일

사랑은 운동장에 내걸린 플래카드, 응원단장의 외침 (외부 세계로 자신이 감정이나 생각을 표현)	**E** 사랑에 대한 표현 (에너지의 방향) **I**	사랑은 내 방 서랍에 간직한 편지, 마트료시카의 마지막 인형 (내면세계에서 자신의 감정이나 생각을 관찰)
연애는 독특한 이상적 경험 (직관을 통해 사실 이면을 통찰. 현실 너머의 세계까지 고려)	**N** 연애에 대한 가치관 (인식 방식) **S**	연애는 현실이 바뀌는 경험 (오감을 사용하며 사실을 중시. 현실 세계까지만 고려)
쿨한 연인으로 명확한 해결책 제시 (자신의 생각과 사람들의 생각을 논리적으로 파악)	**T** 위기 대처 방식 (의사결정 방식) **F**	다정한 연인으로 당신을 보호 (자신과 사람들의 감정과 느낌을 가치 있게 수용)
취향 저격 맞춤형 데이트 코스 제시 (불확실한 미래를 통제하고 싶어 함. 행동이 중요)	**J** 데이트 스타일 (생활양식) **P**	생각지도 못한 놀라운 데이트 경험 ('지금-여기' 현재에 충실하고 유연함. 말이 중요)

우리가 싸우는 이유!
MBTI 척도별 갈등 위험도 순위

MBTI 척도나 유형으로 연인의 관계 만족도를 예측한다는 건 어려운 일이다. 현실에서 우리는 실로 많은 우연에 의해 사랑에 빠지기도 하고, 오해로 인해 서로 어긋나기도 한다. 그때 그 짧은 순간, 그의 손이 내 손을 스치지 않았더라면, 그녀가 나와 눈을 마주쳐 웃지 않았더라면. 혹은, 약속에 늦게 온 그에게 화를 내지 않고 조금만 더 인내심을 가지고 그의 이야기를 들어줬더라면, 그녀가 내 곁에 있는 걸 당연하게 생각하지 않았더라면….

우리 인생에는 가볍고 큰 우연과 오해가 빈번하게 일어나, 우리의 인연을 바꾸어 버릴 때가 있다. 그럼에도 연애하는 과

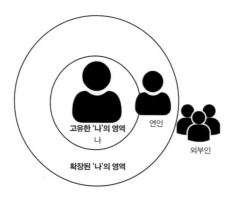

고유한 '나'의 영역
나

연인

외부인

확장된 '나'의 영역

정을 MBTI라는 렌즈를 통해 조금 더 유념해야 할 특성을 척도로 살펴보고 관계에 위협이 될 만한 요소를 명료화한다면, 그것이야말로 MBTI를 유용하게 활용하는 것이라 생각한다. 반복해서 얘기하겠지만, MBTI를 나와 연인에게 적용할 때에 직접적으로 적용해서 판단하기보다는, "넌 어떻게 생각해? 난 이렇게 생각해"라며 서로의 생각과 마음을 나누는 도구로 사용하길 바란다.

갈등 위험도 1위, T와 F
"내 진심이 오해받고 있어. 내가 바란 건 그게 아냐."

MBTI에서 의사결정 방식의 차이를 나타내는 T(사고형)와 F(감정형)는 연애에서 갈등을 유발할 가능성이 가장 높은 척도이다. 왜냐하면, 의사결정 방식에 차이가 있다는 것은 의사결정에 이르는 소통에서부터 T와 F가 차이를 보이기 때문이다.

의사결정은 정보에 대한 평가에 영향을 미치는 나의 결정을 보여주는 것으로, T와 F는 외부의 정보를 받아들여 해석하고 교류하여 결정을 내리는 과정에서 차이가 있다. 친밀하지 않은 관계나 나의 가치관에 별 영향을 미치지 않는 범위에 있는 사람과의 관계에서는 서로의 차이가 두드러지지 않지만, 연인 관계에서는 다르다. 연인은 나에게 깊은 영향을 미치는 사람으로, '내 사람'으로 나의 영역에 들어온 사람이기 때문이다.

F를 이해하지 않는 T와 T를 이해하지 않는 F가 연인으로서 만난다면, 서로의 마음을 주고받는 의사소통 과정에서 갈등이 깊어질 수 있다. T가 보기에 F는 우유부단하고, 쓸데없이 신경을 많이 쓰는 걸로 보이는 반면에, F가 보기에 T는 사려 깊지 않고, 많은 정보를 지나치게 단순화하는 걸로 보인다.

이런 갈등이 깊어지는 계기가 연인 중 한 명이 스트레스를 겪거나 위기에 처할 때이다. 평소에는 서로의 다름을 유쾌하게 넘기더라도 그 순간만큼은 서로의 말이 가시가 되어 박힌다. 말의 의도까지도 의심받다가 서로에 대한 애정까지도 시험에

들 수 있다. 연인 관계에서 소통은 어느 관계보다 중요하므로, 소통의 방식이 다르다는 것은 자칫 내가 있는 그대로 상대에게 받아들여지지 않는 것과 같은 고통을 유발할 수 있다.

그러나 'T와 F' 연인에게 비극만 기다리고 있는 것은 아니다. 오히려 서로를 신뢰하고 조금 더 상대의 다름에 관대해지려고 노력한다면, 상호보완적으로 발전하는 커플이 될 수 있다. 자신만의 방식을 고집한다면 'T와 F' 연인이 아니더라도 힘들 수 있기 때문에 서로의 방식을 배우는 노력이 필요하다. 그러다 보면, 어느새 서로 무슨 말을 던져도 이해하는 커플이 될 수 있다.

갈등 위험도 2위, N과 S
"너는 왜 그렇게 생각해? 그게 왜 궁금한 거야?"

MBTI 척도 중 두 번째로 갈등을 유발할 가능성이 높은 척도는 인식의 방식에서 차이가 있는 N(직관형)과 S(감각형)이다. 우리는 세상을 있는 그대로 받아들이는 것이 아니라, 개인마다 장착하고 있는 렌즈로 세상을 이해하고 받아들이고 있다. 이렇게 세상의 정보를 받아들이는 것이 심리학적 표현으로 '주관적 현실'이다. 우리는 모두 주관적으로 세상을 받아들이고 있는데, MBTI는 주관적 현실의 차이를 이해하기 쉽게 크게 두 가지로 나누었을 뿐이다. 자신만의 렌즈로 세상을 바라보고 내적으로 형성한 주관적 현실은 '세상은 ◯◯이다'라고 정의하는 세계관, 가치관으로 연결된다.

N은 세상을 바라볼 때, 눈에 보이지 않고 현재는 증명해낼 수 없는 추상적 영역까지 바라본다. 그래서 N은 사건과 말 이면에 있는 정보를 꿰뚫어 보는 놀라운 통찰을 보여줄 때도 있지만, 그 통찰을 하나씩 검증하는 과정의 필요성을 낮게 평가한다거나 먹고사는 문제와 같은 현실적 문제에 별로 관심을 두지 않아, 공상에 빠진 '어린 왕자'와 같아 보이기도 한다.

반면, S는 현실적 문제를 정확하게 인식하고 검증한다. S와 함께 있으면 현실이 바뀌는 것을 경험할 것이라 앞서 말한 건 S가 뛰어난 오감으로 세상을 받아들이고, 지금-여기에서 자신에게 필요한 것과 자신이 머무는 세상에서 추구할 수 있는 가치를 정확하게 파악하기 때문에 가능하다. 만약 N이 먼바다 끝을 가리키며 목적지를 설정하면 S는 그 목적지에 다다르는 교통편을 생각할 것이다. S는 N을 보완하고, N은 S를 보완할 수 있는 최고의 연인이다. 그럼에도 불구하고, 갈등을 유발할 수 있는 척도 2순위로 꼽은 것은 서로의 가치관이 충돌한다면 그 영향력이 어마어마하기 때문이다. 'N과 S' 연인이 서로 다른 가치관을 인정하지 않고 상대의 장점은 무시한 채 단점만을 보며 자기의 주장을 펼친다면, 그 관계는 파국으로 갈 것이다. 그러니, 'N과 S' 연인이 유의할 점은 같은 것을 바라보더라도 '내가 발견하지 못한 무언가'를 상대가 보고 있을지도 모른다며 겸손한 태도를 유지해야 한다는 것이다. N과 S는 각자 다른 렌즈를 착용하고 있을 뿐이다.

―――――

갈등 위험도 3위, J와 P

**"사랑은 행동으로 증명해야 하는 걸까,
있는 그대로 받아들이는 걸까?"**

세 번째로는 생활양식의 차이를 나타내는 J(판단형)와 P(인식형)이다. 세 번째로 꼽긴 했지만, 어떤 연인들에게는 생활양식의 차이가 다른 척도들보다 더 중요한 요소로 작용할 수도 있다. 약속 시간에 매번 늦는 P로 인해 J는 서운함이나 분노를 느끼고, P는 그런 J가 자신을 숨 막히게 한다고 여길지도 모른다. 비단 약속뿐 아니라, 데이트 장소를 정하거나 여행을 갈 때, 수강

신청을 할 때나 취준생으로 취직을 준비해야 할 때도 J와 P는 서로를 이해하지 못해 갈등할 수 있다. 결혼했거나 동거하는 관계에서는 공간을 사용하는 문제로 다투기도 한다. 어떤 물건을 사용한 뒤 J는 웬만하면 지금 바로 치우고 싶어 하지만, P는 그 물건을 더 이상 사용하지 않는다는 확신이 들 때 치우고 싶어 한다. 가장 큰 차이점은 J는 정리 정돈된 환경을 좋아하고 그렇지 않은 환경에서 집중에 어려움을 겪지만, P는 정돈된 환경을 좋아하면서도 그렇지 않은 환경에서 집중에 별 방해받지 않는다는 점이다. J는 자신뿐 아니라 환경에 대해서도 통제하고 싶어 하지만, P는 자신과 환경을 있는 그대로 받아들인다. J의 눈에 P는 한심해 보일 수 있고, P의 눈에 J는 스스로 괴롭히면서 사는 걸로 보일 수 있다.

그러나 'J와 P' 연인이 서로의 생활양식 차이를 받아들이고 존중한다면, P가 생각만 하고 아직 움직이지 않을 때 J가 P의 손을 잡고 목표를 향해 움직일 수 있고, J는 P로 인해 자유로움을 배우고 위로와 안식을 받을 수 있다. J의 빠른 판단과 실행력, P의 유연함과 변화에 대한 적응력은 서로의 단점을 상쇄하고 장점을 돋보이게 한다.

갈등 위험도 4위, E와 I

"사랑에 대해 너는(나는) 어떻게 표현하고 있지?"

지친 하루가 가고 달빛 아래 두 사람 하나의 그림자(성시경의 노래 〈두 사람〉 중), E는 I의 어두운 얼굴을 보며 오늘 무슨 일이 있었는지 말하고 털어 내버리라고 하지만, I는 괜찮다고 하면서 어색하게 웃을 뿐 더 이상 말하지 않는다. 화가 난 E가 "그렇게 참고 살면, 다 너를 무시할 거야!"라고 쏴붙이고, I는 E의 강렬한 반응에 놀라 굳어버린다. 뒤늦게 정신을 차린 E가 상황을 수습하려 하지만, I는 어색한 웃음마저 잃고 전보다 더 어두워진 모습으로 집으로 가겠다고 한다. 그 뒤 I는 혼자 생각할 시간이 필요하다면서 며칠간 E의 연락을 받지 않는다.

MBTI 척도 중 에너지의 방향이 다른 E(외향형)와 I(내향형)는 서로 잠시 어긋나긴 해도 다른 척도에 비해서는 서로의 다름을 인정하기가 어렵지만은 않다. 서로의 다름이 너무 눈에 띄기 때문이다. E는 사람들 앞에서 자신을 드러내는 데에 어려움이 없어, I가 사람들 사이에서 어려움을 느낄 때 도움을 줄 수 있고, 의견이 다르다고 즉각적으로 표현하지 않고 좀 더 고민하고 표현하는 I의 신중함에 깊은 감명을 받기도 한다. 그러나 E

가 외부의 활동을 통해 적극적으로 자신을 표현하며 에너지를 얻는 것과 I가 혼자 자신만의 시간을 가지며 사람들 사이에서 소진된 에너지를 충전하는 것에 대해 이해하지 않는다면, 예시로 든 것처럼 안타까운 상황이 전개될 수 있다. 이처럼 서로의 진심이 왜곡되어 어긋나지 않기 위해서는 'E와 I' 연인은 비록 표현 방식은 다르더라도 다른 중요한 삶의 영역을 공유하고 있음을 명심해야 한다.

연인 간 유념해 살펴봐야 하는 갈등 위험도 순위

1순위	소통의 어려움을 겪을 수 있는 T(사고형)와 F(감정형)
2순위	세상을 바라보는 관점, 가치관이 다른 N(직관형)과 S(감각형)
3순위	같은 목표를 바라봐도 도달하는 방식은 다른 J(판단형)와 P(인식형)
4순위	마음을 표현하는 방식이 다른 E(외향형)와 I(내향형)

갈등 위험도 1위,
'T와 F'로 보는 연애 궁합

ST와 NF vs. SF와 NT

현실적 문제를 이성적으로 바라보는 **ST**	인간과 세상의 근원을 따뜻한 시선으로 바라보는 **NF**
vs.	
현실적 문제를 따뜻한 시선으로 바라보는 **SF**	인간과 세상의 근원을 이성적으로 바라보는 **NT**

ST 유형은 학생이라면 숙제를, 직장인이라면 프로젝트의 진
행 상황을 체크하는 등 현재 당면한 문제들을 이성적으로 파
악하는 유형이지만, NF는 인간은 왜 태어났는지, 나는 왜 지금

의 내가 되었고 어떻게 해야 행복할 수 있는지 고민하는 등 사는 것과 연관이 없는 문제를 깊이 고민하는 유형이다. ST가 꾸준하고 성실하다면, NF는 타인의 마음을 잘 헤아린다. 따라서 'ST와 NF' 연인이 행복해지려면, NF는 ST의 성실함을 응원하고, ST는 NF의 따뜻한 면을 고맙게 여겨야 한다.

SF 유형 또한 ST 유형과 같이 성실하지만, SF는 타인을 돕는 일에 관심을 갖는다. SF에게 부탁하면, SF는 자신이 할 수 있는 선 안에서 최선을 다할 것이다. 혹시 부탁한 사람이 부담을 느낄지도 모른다는 생각에 자신의 고생을 티 내려고 하지도 않는다. 반면, NT 유형은 지적 호기심이 엄청나, 자신이 궁금해하는 문제에 대한 답을 찾고 싶어 한다. 수수께끼를 풀거나 논쟁하는 과정을 즐기며, 학문적으로 깊은 대화를 나누고 싶어 한다. 'SF와 NT' 연인의 경우, SF의 선의에 대해 NT가 당연하게 받아들이지 않으며, NT의 논쟁에 대해 SF가 자신에 대한 공격으로 해석하지 않고 즐겁게 동참한다면, 관계 만족도가 높아질 것이다.

'SF와 NF' 연인과 'ST와 NT' 연인은 소통에 있어 어려움은 없지만, 관심을 두는 영역이 다르다. 서로의 다른 관심 분야에 대해 즐겁게 이야기 나눌 수 있다면, 서로 대화하는 시간이 풍요롭게 느껴질 것이다.

TP와 FJ vs. TJ와 FP

한계와 범위를 설정하지 않고 생각을 확장해 나가는 **TP**	세상을 더 따뜻하게 만드는 방법을 실천하는 **FJ**
vs.	
일정한 한계와 범위 안에서 생각하고 실천하는 **TJ**	세상을 더 따뜻하게 만드는 아이디어를 무한 확장해 나가는 **FP**

TP는 생각하는 힘을 가진 유형으로, 앎에 이르는 과정에서 지난한 과정을 견딜 줄 안다. 그러나 생각에 흠뻑 빠져 자신 앞에 있는 연인의 괴로움을 놓칠 위험이 있다. FJ는 평소라면 자신만의 호기심 해결에 빠진 TP를 귀엽다고 생각하며 이해하겠지만, 자신이 심리적으로 지쳐있을 때 TP가 이런다면 차갑게 돌변하며 관계를 정리하려 할지도 모른다. FJ가 감정의 빌드업을 하고 있는데도 TP는 전혀 눈치 못 챌 수 있으며, 인내가 폭발한 FJ가 자리를 박차고 나갔을 때 TP는 매우 당황해할 것이다. 뒤늦게 수습하려 하지만, FJ의 마음을 돌리는 건 쉽지 않다. 그렇기 때문에 'TP와 FJ' 연인 관계에서 TP는 FJ가 웃으며 받아

줄 때도 생각의 늪에 빠졌다 싶으면 거기서 나와서 FJ에게 안부를 묻거나 달라진 모습을 발견하고 언급해 줘야 한다. FJ 또한 TP에게 속상했던 마음을 한 번에 터뜨리기보다는 FJ만의 다정한 말투로 TP에게 자신의 속상함을 가벼운 수준에서 전달할 수 있어야 한다.

TJ는 TP와 다르게 아이디어를 무한 확장하기보다는 특정한 아이디어를 현실화하는 능력을 갖췄다. TJ는 가끔 FP가 '뜨거운 가슴의 물렁물렁한 사람'으로 보일 때가 있고, FP는 TJ가 어떨 때 보면 너무 이기적이어서 조금 더 세상을 이롭게 하는 사람이 되었으면 좋겠다고 생각할 때가 있다. 'TJ와 FP' 연인 관계에서 TJ는 본인의 의도와는 다르게 FP에게 냉정하게 대할 때가 있고, FP는 TJ의 태도에 민감하게 반응하며 비난할 위험이 있다. 그렇기 때문에 TJ는 FP에게 자신이 할 수 있는 한 다정하게 대하려고 노력하며, FP는 TJ가 자신의 감정을 말하는 데에 서투를 수 있음을 알고 TJ의 선의를 오해하지 않으려 노력한다면, 'TJ와 FP' 연인은 서로를 통해 세상을 더 깊이 이해할 수 있게 될 것이다.

'TP와 FP', 'TJ와 FJ' 연인은 소통의 어려움을 느낄 때가 있지만, 데이트할 때 만큼은 티키타카가 잘 되는 커플 유형이다.

T와 F로 다른 의사결정과 소통의 차이를 P와 J라는 비슷한 생활양식으로 보완할 수 있다. '왜 저렇게 말해'하는 생각이 들다가도 어느새 서로의 행동은 닮아있는 걸 발견한다. 'TP와 FP' 연인과 'TJ와 FJ' 연인은 무엇보다 대화를 통해 서로의 생각을 교류해야 한다. 대화를 나누면서도 서로의 다른 생각을 존중하는 태도를 보이는 것 또한 매우 중요하다. 'TP와 FP', 'TJ와 FJ' 연인이 서로 존중하며 깊은 대화를 나눈다면, 단점을 상쇄하고 서로의 장점이 빛나는 멋진 커플이 될 것이다.

ET와 IF vs. EF와 IT

유쾌하고 자유로운 분석가 ET	연인을 세심하게 돌보는 IF
vs.	
유쾌하게 연인을 배려하는 EF	섬세하고 예리한 분석가 IT

ET는 자신의 아이디어를 드러내는 데에 주저함이 없는 유형으로, 이런 거침 없고 자유로운 태도를 연인 앞에서도 드러낸다. 천진난만해 보이는 ET의 태도에 IF는 함께 즐거워하며, ET가

자신이 생각한 대로 저질러 보고 수습하지 못할 때 IF가 말없이 나서서 ET가 어지른 것을 세심하게 수습해 준다. 그러나 ET의 거침없는 태도에 IF가 상처받거나 자주 '기가 빨리는' 경험을 한다면, ET와의 관계에서 자신이 희생되는 것 같이 여긴다.

'ET와 IF' 연인은 각자가 편한 대로 행동하다 보면, ET는 IF에게 '여기 가자', '이거 하자'하며 주장하는 데 익숙해지고, 그런 상황에서 IF는 ET의 눈치를 보며 자신의 욕구를 누른다. ET는 IF가 즉각적으로 표현하지 못하더라도 기다려줄 줄 알아야 하고, IF는 뒤늦게라도 ET에게 '진짜' 자신의 생각과 감정을 말과 행동으로 전달해야 한다.

반면, 'EF와 IT' 연인 관계에서 EF는 IT를 배려하고, IT는 EF에게 '굳이 고맙다고 해야 하나? 다 알겠지'하는 생각으로 EF의 배려에 고맙다는 얘기를 하지 않을 때가 많다. 그런 IT에게 EF는 '나 잘했지?'라고 말하며 IT의 피드백을 원하지만, IT는 고개만 짧게 끄덕이는 등 다소 절제된 표현으로 대꾸한다. EF가 참다 폭발하면, IT는 더욱 제한된 몸짓과 표정으로 냉정하게 대응할 것이다. EF가 울기라도 하면, IT는 EF가 자신을 공격했다는 것으로 여기고 아무 말없이 그 자리를 박차고 나갈지도 모른다.

'EF와 IT' 연인은 서로의 다른 특성으로 인한 한계와 가능성을 고려할 필요가 있다. 자신은 무난하게 할 수 있는 것이 상대에겐 어려운 일일 수 있고, 자신에게 어려운 일이 상대에겐 너무나 수월하게 할 수 있는 일일 수 있음을 알고, 두 연인 사이에서 실제로 그렇게 다르게 대처하는 일을 규명하고 구체적으로 이해하는 것이 필요하다. EF는 IT 때문에 서운할 때마다 처음 IT에게 반했을 때 보았던 예리함을, IT는 EF가 자신에게 적극적으로 마음을 표현했을 때 느꼈던 매력을 다시 떠올리며, 잠시 스스로 달래는 시간을 갖는 것이 좋다.

"어떻게 사람을 16가지로 나누니?" MBTI의 득과 실

최근에는 연예인의 프로필에 MBTI 유형까지 적혀있기도 하다. 특히 아이돌을 좋아하는 팬에게는 자신의 최애 아이돌의 MBTI 유형을 아는 것이 아주 중요한 정보가 된다. 그래서 아이돌 멤버들끼리 MBTI 검사를 해보고 자신의 유형을 알아보는 과정을 포함해서 MBTI 유형을 소재로 멤버들과 이야기를 나누는 영상 콘텐츠를 심심치 않게 찾아볼 수 있다. MZ세대들의 정체성에 대한 고민, '나는 무엇인가(혹은 무엇이라고 할 것인가)', 그리고 '너는 무엇인가(혹은 무엇이라고 할 것인가)'에 대한 관심에 대한 증가가 MBTI의 선풍적인 인기를 가져왔고, 무엇보다 중요한 건 MBTI를 통해 서로에 관해 이야기할 수가 있다는 점이다. 이것은 분명 MBTI가 가져온 좋은 점이라 할 수 있다.

그러나 MBTI에서 인간을 16가지로 나누는 건, 자신의 개성을 중시하는 일부 청년 MZ에겐 거부감을 불러일으킨다. (20년 전에는 혈액형 4가지로 나눴지만, 이젠 16가지로 나눠서 전보다는 좀 나은 거 아니냐…는 말은 너무 꼰대스러워서 괄호로 말한다.) 이 문제는 가짓수의 문제로 보이진 않는다. 16가지를 32가지로 나눈다고 해서 나을 것 같진 않아 보인다. 정확하게는 '어떻게 인간을 16가지로 나누냐'는 불만은 MBTI의 유형화에 대한 비판일 것이다.

그런데 실제로 우리는 세상의 많은 것을 측정하고 범주를 나누고 유형화한다(포유류, 파충류, 동식물 등). 심지어 성격뿐 아니라 우리 몸, 정신에 대해서도 측정하고 유형화하고, 유형에 관해 설명한다. (성은 남성과 여성으로 확실하게 나눌 수 없음에도 우리는 편의상 남자와 여자로 나누어 다른 특성을 고려한다. 정신 건강의 측정 지침으로 활용되는 DSM-5는 유형화의 한계에서 벗어나고자 특성의 강도를 나타내는 '스펙트럼' 개념으로 질병을 설명하지만, DSM-4까지도 불안장애, 우울장애, 여러 성격장애 등을 유형화하여 설명했다.) 유형화한 정보는 우리의 '지식'이 된다. 인간을 흑인, 백인, 황인, 아시아인, 미국인 등으로 나누는 것도 유형화된 정보이다.

이토록 세상의 많은 것을 자동으로 유형화하면서 사는데, 왜 성격에 대해서 이렇게 예민하게 구는 것일까? 아마 그것은 유형화로 인해 유형으로 설명할 수 없는 나의 부분, 이해받지 못하는 부분이 있기 때문일 것이다. 다른 모든 유형화된 정보와 마찬가지로, MBTI 또한 인간을 '완벽하게' 설명하지 못한다. 이 책을 읽고 있는 당신이나 당신의 친구들, 애인들의 아주 작은 부분만 겨우 설명할 뿐이다. 이건 MBTI의 명확한 한계이며, 다른 성격 검사나 심리 검사, 혈액 검사, 한 치의 오차도 없어 보이는 체중계까지도 마찬가지다. ("체중계가 나에 대해 뭘 알아?")

그런 한계가 분명한 MBTI를 가지고 "내가 INTP 유형 좀 알지. MBTI 같은 거 안 믿잖아"하면서 면전에 대고 상대를 다 파악했다는 듯이 얘기하면, 듣는 INTP가 얼마나 자신이 규정되고 이해받지 못한다는 생각이 들까? MBTI를 가지고 이런 식으로 상대를 단정하며 하는 대화 방식은 의사 '소통'이 아니라, '소외'를 조장하는 일이다. MBTI는 그저 나 자신을, 그리고 상대를 이해하고자 하는 노력, '열쇠'와 같은 기능 정도이다. 그러니, MBTI를 가지고 내 주변 사람을 규정하지도 말고, 그렇다고 MBTI 안 믿는다고 하면서 너무 거부할 것도 없다. 몸무게도, 혈압도, 나이도 평범한 일상에서는 숫자에 불과하지만, 우리가 질병으로 병원에 입원했을 때는 해당 정보가 매우 중요하게 취급된다. MBTI도 좀처럼 이해할 수 없는 누군가를 깊이 이해하려는 과정에서 중요한 정보로 활용될 수 있다.

A

당신은 나로 하여금
더 좋은 남자가 되고 싶게 하는 사람이에요.
누군가를 위해 무엇이 되고 싶은 것.
사랑도 그런 거겠죠?

영화 〈이보다 더 좋을 순 없다〉

2부

연인 케미 폭발!

당신이 알아야 할
MBTI 연애 세부 전략

1장

지금, 이 순간을 즐기는 게 중요해

ESTP, ESFP
ISTP, ISFP

연애에서도 '나'를 잃지 않는
ESTP

"날 표현하는 게 무엇보다 중요해."

#순간을즐겨 #활력넘치는사업가
#표현55000% #사랑에는매번진심

ESTP의 매력은 어디로 튈지 예상할 수 없는 데에 있다. 어디에도 얽매여 있지 않은 자유로운 영혼의 소유자, ESTP의 주변에는 ESTP의 자유로움에 반한 사람들이 모여있고, ESTP 또한 사람과 어울리고 주목받는 걸 부담스러워하지 않는다. ESTP가 사람들을 좋아하는 건 사람들과 함께 있어도 항상 자신을 그 중심에 놓을 수 있기 때문이다. 만약 자신이 중심에 있는 것 같지 않으면 다른 사람들이 있는 곳으로 자리를 옮기려 할 것이다. ESTP는 지금 자신이 서 있는 공간, 그 공간 속에서 벌어지는 일들에 오감을 집중한다. 만약 처음 보는 사람이 있다면, ESTP는 그 사람에게 다가가 물어볼 것이다.

"안녕하세요! 처음 보는 얼굴인데, 이름이 어떻게 되시죠?"

자신의 생각이나 마음을 표현하는 데에 거침이 없기 때문에 상대에게 호감을 사기 위한 적극적인 행동을 취한다. 자존감이 높은 편이어서 낯선 사람에게도 잘 다가가 말을 걸어, 그 사람과 금방 친해진다. 자기 생각이나 감정을 직설적으로 바로 표현하는 바람에 상대를 당황스럽게 할 때가 자주 있지만, 악의가 있어서 그런 건 아니다.

ESTP, 현재를 즐길 줄 아는 뜨거운 모험가

ESTP는 마음속에 '한 번뿐인 인생, 지금 내가 원하는 대로 하자' 하는 가치관을 품고 산다. 목표한 것이 있으면, 그것을 어떻게 달성할 것인가 고민하기보다는 가슴이 뜨거워져서 일단 그 목표를 달성하기 위해 움직인다.

그게 어느 정도 실행력이냐 하면, '배우가 하고 싶어!'라는 바람이 생기면, 다음 날 러시아 예술학교에 입학하기 위해 러시아로 출국하려 한다. 러시아어는 어디서 어떻게 익힐 것이며, 예술학교 등록금이나 입학 절차는 어떻게 되는지, 러시아에서 생활하는 데에 필요한 최소의 자금은 어느 정도인지 ESTP에게는 미리 고민할 문제가 아니다. ESTP가 목표한 것이 있으면, 막을 수 있는 건 없어 보인다. ESTP는 실패할지도 모르는 상황에 대해 걱정하지 않는다. 설상가상으로 ESTP가 러시아에서 예술학교에 입학하는 데에 실패하고 한국으로 돌아왔다 하더라도 ESTP는 나름대로 자신이 걸어온 길에 만족하고, 실패로 인해 오래 고통스러워하진 않을 것이다. 그곳에서 만났던 좋은 사람들과 자신의 치열했던 모습 그 자체로 좋은 추억으로 간직하고, '그럼, 이제 뭐하지?'라며 생각을 전환할 것이다.

ESTP는 과거에 대한 반성도, 미래에 대한 두려움도 없이 현재에 집중한다. ESTP에게 중요한 것은 '지금, 여기'와 거기에 한 가지 더, '나 자신'이다. 자신의 행복을 최우선으로 여기고, 현재를 즐기는 ESTP는 누구보다 자신의 삶을 모험가로서 즐기며 사는 사람이다.

그러나 ESTP는 한계를 생각하지 않고 목표를 향해 돌진하는 태도로 인해 가끔 ESTP를 아끼는 사람의 진심 어린 조언을 놓치게 된다. 그래서 때로는 잘못된 목표를 향해 돌진하기도 하고, 지금까지 쌓아온 자신의 커리어를 한 번에 무너뜨릴 수 있는 위험한 선택을 하기도 한다. ESTP는 가끔 경주마처럼 시선을 제한하고 목표를 당해 돌진한다거나 인생을 베팅하듯이 살 때가 있는데, 그럴 땐 잠깐 멈추어 풍경을 살펴보면서 판단을 유보한 채 주변 사람들의 조언을 되새겨볼 필요가 있다. 그 목표가 혹시 자신을 안 좋은 곳으로 이끄는 것은 아닌지, 자신이 너무 맹목적이진 않은지 알아보는 시간은 ESTP에게 꼭 필요하다. 물론 ESTP는 과거의 잘못에 얽매어, 오래 후회하진 않을 것이다.

출생순위로 살펴보는 ESTP

첫째 ESTP

무엇이든 형제 중 처음으로 이뤄내어, 자신을 유능하다고 여길 것이다. 가끔 자신의 성취에 도취할 때가 있으며, 집 안의 중심이 자신이 되는 것이 당연하다고 여긴다. 이에 분노하고 질투하는 동생들의 마음을 헤아리지 못해, 성인이 된 후 동생에게서 "형(오빠/누나/언니) 때문에 나는 항상 부모님에게서 뒷전이었어"라는 말을 듣고 뒤늦게 충격을 받기도 한다. 가족들을 두루 살피지 않고 자기 맘대로 하다가 가족 내에서 이기적으로 보일 수 있으니, 가족의 헌신이 뒷받침돼야 하는 결정에 있어선 당연하다고 여기지 말고, 다른 가족 구성원의 마음을 조금은 살펴보라.

중간 ESTP

중간으로 태어난 ESTP는 첫째와 막내와는 달리, 자신만의 길을 걸어가려고 한다. 중간에 태어나 부모의 애정을 첫째와 막내에 비해 못 받는다면, ESTP만의 저돌적인 매력으로 부모의 인정과 사랑을 얻어내려 할 것이다. 그러나 노력 대비 성과가 별로 없다면, 쿨하게 집 밖으로 나가 가족이 아닌 다른 사람들에게서 인정을 얻으려 할 것이다. 그렇게 된다면 중간 ESTP는 밖에서 높은 성과를 이룬다고 하더라도 집에서는 전혀 몰라, 첫째와 막내에 가려있다 가족 내에서 뒤늦게 인정받게 된다.

막내 ESTP

막내로 태어난 ESTP는 출생으로 주어진 위계를 인정하면서도 마땅히 자신이 주목받아야 한다고 생각해, 우스꽝스러운 모습을 하는 등 놀라운 개그감을 선보여 부모를 사로잡으려 할 것이다. 상대적으로 막내에게 허용적인 부모의 태도로, 막내 ESTP는 첫째와 중간 ESTP에 비해 더 자기 맘대로 모험을 즐길 것이다. 갑자기 어느 날, ESTP가 무언가에 꽂혀 이전과 다르게 돌변하는 모습을 보이기도 하는데, ESTP의 성장 과정에서 몇 번씩 반복되는 일이 될 것이다.

외동 ESTP

형제들 사이의 자연스러운 견제가 없는 외동의 경우, 자신에게 더 집중할 수 있는 환경에서 자란다. 미취학 아동의 경우 집이나 밖에서 '땡깡'을 부려 부모를 곤란하게 하다가도 원하는 것을 얻으면 언제 그랬냐는 듯 해맑게 웃는 모습을 보인다. 학교와 같은 사회적 환경에서 적응하기 위해 다른 유형보다 특별히 더 노력해야 하는데, 자신의 욕구뿐 아니라 다른 사람의 욕구를 살피는 훈련이 필요하다.

ESTP의 사랑은 노 브레이크, 노 빠꾸

당신이 ESTP에게 반했다면, 그건 ESTP의 자신감 있는 태도에 반했을 것이다. 실망하는 경우도 같은 모습에 대해 다른 평가를 할 때로, 아무런 근거 없이 자신감 있어 보일 때다. ESTP는 자신이 원하는 게 있으면 사람들 앞에서도 당당하게 표현하며, 자신이 사랑하는 사람에 대해서도 마찬가지다. ESTP는 과 대표나 모임의 리더를 맡는 경우가 많기 때문에, 항상 사람들과 함께 있다. 친구들 사이에 있을 때 ESTP는 겉과 속이 그렇게 다르지 않고 천진난만한 모습을 보일 것이다. 그건 당신 앞에서도 마찬가지일 것이다. ESTP는 바보같이 아무 생각이 없어 보이다가도 하나에 꽂히면 맹렬하게 돌진하는 모습을 보인다.

ESTP가 당신에게 마음이 있다면, 적극적으로 당신에게 다가와 말을 걸 것이다. "너는 어떤 걸 좋아해?", "주말에는 보통 뭘 하며 시간을 보내세요?"라며 호기심을 나타내며, 당신에 대한 관심을 표현할 것이다. 그런데 문제는, ESTP는 조그마한 관심에도 상대에게 다가가 거침없이 질문을 한다는 거다. ESTP가 마치 당신을 좋아하는 것처럼 호감을 얻으려는 노력을 보였다 하더라도 그게 그날 집에 들어가서도 유지될지는 계속 지켜봐야 한다. 그때 잠시 당신이 궁금해졌고, 그 궁금한 걸 해결하기 위해 눈을 반짝반짝 빛내며 당신을 쳐다봤을지도 모르기 때문이다.

ESTP는 자신이 원한다면 상대가 자신을 좋아하게 만들 수 있다고 자신한다. 이효리의 곡 〈10 Minutes〉의 가사처럼 10분이면 누구든 자신에게 넘어오게 할 수 있다고 생각한다. 이게 완전 틀린 말도 아닌 게, ESTP는 실패를 개의치 않고 성공 중심으로 기억하기 때문에 자신을 정말 그렇게 생각할 것이다.

"난 오늘만 살아. 있는 그대로 지금의 나를 표현할 거야."
ESTP의 사랑은 강렬하면서도 불안한 데가 있는데, ESTP가 현재를 사는 사람이기 때문이다. 어제는 자신의 심장이라도 꺼

내줄 것처럼 열렬하게 사랑을 고백하다가도 다음 날에는 '당신은 누구신가요?'라고 묻는 듯한 표정으로 마치 처음 보는 사람처럼 대한다. ESTP가 진짜 당신을 사랑하는 게 맞는 건가 헷갈리는데, 10분 전까지 날 사랑한다고 한 사람이 내 얼굴에 묻은 김 가루에 박장대소하며 놀리기 때문이다. 이미 ESTP에게 마음을 빼앗겼다면, 당신은 ESTP와의 연애에서 이와 같은 혼란을 자주 경험할 수 있다. 거기다 ESTP를 따르는 친구나 이성 친구들이 많아, 당신만 바라보는 것 같지 않은 ESTP의 공사다망한 모습에 연애하면서도 속이 타는 것만 같다.

분명한 건 ESTP는 현재 자신의 감정에 솔직하고, 사랑하는 마음을 숨길 생각이 없다. ESTP의 희로애락애오욕喜怒哀樂愛惡慾 분명한 표현에 당신이 흔들리지 않고 중심을 잘 잡아줄 수 있다면, ESTP의 관심이 아주 잠시 다른 데 갔다 하더라도 당신에게 다시 돌아올 것이다.

ESTP와의 데이트는 신나게, ESTP를 자유롭게

ESTP와 연애한다면, 당신은 신나는 액티비티를 즐기게 될 것이다. ESTP는 서핑이나 암벽 타기, 스쿠버 다이빙과 같은 자연

속에서 오감을 사용하는 높은 강도의 신체활동을 좋아하는데, 당신 또한 높은 강도의 신체활동을 좋아한다면 금상첨화다. 그렇지 않다면 날씨 좋은 날 공원에 가서 자전거나 킥보드 정도는 타야 한다. 당신이 ESTP의 높은 텐션을 감당하지 못한다면, ESTP는 친구들과 따로 운동하는 시간을 지속적으로 갖는다거나 동호회 활동을 시작할 것이다. 연인이라도 매일 붙어있기보다는 이렇게 따로 시간을 즐기는 게 당신에게 어떨지 모르겠지만, ESTP에게는 활기를 유지하는 데에 도움이 된다.

어딜 가나 인기가 많은 ESTP를 당신 옆에만 꼭 붙들어 놓으려 한다면, ESTP는 금세 숨 막혀할 것이다. 꼭 신체 활동이 아니더라도 ESTP를 당신만의 '소유물'처럼 옆에 붙들어 매는 건 어려운 일이다. ESTP는 당신과의 연애에서 소속감보다는 자유로움을 추구할 것이고, 만약 자신이 자유롭지 않고 구속당한다고 느끼면 당신을 떠나려 할 것이다.

연인으로서 ESTP를 아낀다면, ESTP를 창공을 날아다녀야 하는 새와 같이 생각하며 날개를 꺾지 않도록 노력해야 한다. "ESTP, 자유롭게 날아갔다 다시 여기로 오렴."

연령대별 ESTP 연애 특성과 공략법

20대 ESTP

사람들의 시선을 즐기고 거침없이 매력 발산을 하는 ESTP의 주변에는 항상 사람들이 머물고 있다. 그런 그에게 당신이 어필되려면, ESTP와 같이 활발하게 활동을 즐길 수 있으면 좋다. 아니면, ESTP가 궁금해할 정도의 미스터리한 사람이라면 먼저 다가와 말을 걸 것이다. 그러나 ESTP가 당신에게 관심을 쏟다가도 어느 날 갑자기 '진정한 자기를 찾겠다'면서 오지로 여행을 떠날 수도 있으니, 놀라지 말아라.

30대 ESTP

사회생활에 어느 정도 능숙해졌지만, 아직은 부족한 게 많은 ESTP. 회사에서 밝고 능동적으로 일하는 ESTP지만, 의욕에 비해 가끔 본인이 벌인 일을 제대로 수습 못 할 때가 있다. 같은 직장에서 ESTP를 공략하려면, ESTP의 뒷수습을 도와주는 것이 좋다. 같은 직장이 아니라 사석에서 만난다면, ESTP가 여기저기 매력을 흘리면서 동시에 물건도 흘리고 돈도 흘리고 다닐 때가 많으니, ESTP를 뒤에서 커버를 해주는 게 ESTP의 마음을 사로잡는 방법이다.

40대 ESTP

일에 능숙하고 자신의 부족함에 대해서도 어느 정도 파악한 ESTP. 워라밸을 중시하는 ESTP는 일과 사생활을 명확하게 구분하고, 휴일을 위해 일하는 사람처럼 직장에서는 혼을 불살라 열심히 일하다가도 자신의 쉬는 날은 분명히 지키고 침해받는 것을 매우 싫어한다. 40대는 자신만의 생활 패턴이 굳어지는 연령대로, 당신이 40대의 ESTP를 사로잡으려면 그의 취미를 존중하거나 함께 즐겨야 한다. 그러나 함께 취미를 즐기더라도 ESTP에겐 당신이 제외된 시간이 필요하며, 그 또한 배려하는 것이 관계를 유지하는 데에 좋다.

ESTP를 사랑하는 당신을 위한 조언

- ESTP의 저돌적인 면에 반하셨군요. 그러나 ESTP의 말에 상처받을 때도 있는 당신, ESTP가 했던 말의 의미를 파악하기 위해 깊이 생각할 필요는 없어요. 다음 날 물어보면, "내가 그런 말을 했었어?"라고 할지도 몰라요. 그땐 그랬던 거죠.

- ESTP를 사로잡았다 하더라도 처음 사귀었을 때와 같은 모습으로 오래 붙드는 건 불가능해요. ESTP의 자유로움은 누구도 막지 못해요. 당신도 ESTP처럼 자신만의 시간을 만들어 보는 건 어때요?

- ESTP는 목표에 돌진하느라 세세한 것들을 놓치는 경우가 많을 거예요. 당신이 챙겨준다면, ESTP는 당신이 자신에게 꼭 필요한 사람이라고 여길 거예요.

화려한 불나방 같은
ESFP

"사랑은 열정이야."

#화려한무대위조명은날비춰 #일상이레드카펫
#설레임도일상 #매일사랑

ESFP는 자신이 주관하지 않은 파티에서도 마치 파티를 개최한 사람처럼 주목받는 사람이다. 많은 사람을 만나도 한 사람, 한 사람 이름과 얼굴을 기억해 다시 만났을 때 반갑게 인사하며, 사람과 어울려 지내는 걸 좋아하고 사람들 사이에서 사랑받기를 원한다. 사람들이 자신에게 보내는 따뜻한 시선에서 기운을 얻기 때문에 사람들의 호감을 사기 위한 행동을 많이 한다. ESFP의 매력은 그의 뛰어난 관찰력에 있다.

"어, 머리색이 바뀌었네요. 당신의 하얀 피부에 잘 어울리는 색이에요."

"웃는 모습이 참 예쁘다."

ESFP는 한두 번 만난 사람이라 하더라도 헤어스타일의 변화를 눈치채고, 장점을 발견해 긍정적으로 표현함으로써 자연스럽게 호감을 산다. 또한, 웬만한 위기 상황에서도 나이스하게 대처하여 경직된 분위기를 부드럽게 전환하기도 한다. 이런 ESFP의 놀라운 센스는 지금 내 주변에 있는 사람들이 무엇을 원하는지 잘 알아채기 때문에 가능하다. ESFP가 누군가에게 호감을 사고 싶어 한다면, 뛰어난 관찰력을 기반으로 해서 상대가 듣고 싶어 하는 말로 표현하려 할 것이다.

행복의 기운을 주변 사람들에게 퍼뜨리는 ESFP가 가장 못

견뎌 하는 것이 '갈등'이다. 즐거움으로 삶을 채우고 싶은데, 사람들이 자신에게 불만을 표현하거나 아니면, 자신이 좋아하는 사람들끼리 다퉈 자신에까지 부정적 기운이 몰려오면, 어찌해야 할지 모른다. 부정적 감정을 처리하는 것에 어려움을 느끼고 외면하고 싶어 하지만, 맘대로 되지 않는다. 자신 또한 누군가에게 아쉬운 소리를 하는 걸 어려워해서, 조금 손해 본다고 하더라도 자기 마음만 불편하고 넘어갈 때가 많다.

───────

ESFP, 센스 만점에 대책 없는 매력의 소유자

ESFP는 새로운 경험에 개방적이면서도 현재 자신에게 주어진 아주 조그마한 것에도 감사할 줄 안다. ESFP는 로맨스 스토리의 여자주인공일 때가 많은데, 〈내 이름은 김삼순〉의 밝은 에너지를 내뿜는 김삼순, 〈오 나의 귀신님〉의 처녀 귀신이 빙의되었을 때의 나봉선, 〈겨울 왕국〉에서 희망을 잃지 않는 안나와 같다. 대책 없는 매력의 소유자 ESFP는 자기 사람들을 진심으로 아끼고 그들에게 헌신하기 때문에 로맨스 스토리에서 가까운 사람들에 의해 위기에 처하지만, 이에 슬퍼하지 않고 극복하는 인물로 나온다. 거기다 즉흥적인 데가 있고 욱할 때가 많아, 예상치 못한 상황을 만들어내 이야기를 흥미롭게 만든다.

ESFP는 밝고 사교적이어서 사람들의 이야기를 잘 들어주고 리액션도 크지만, 다소 진지한 주제로 들어가면 집중하지 못하는 것으로 보일 때가 많다. ESFP에겐 막연한 미래는 관심이 없기 때문이다.

"우리 곧 서른인데, 앞으로 어떻게 살 것인지 생각해 봐야 할 것 같아"라고 친구가 말하면, ESFP는 "에이, 그게 계획한 대로 되니? 현실에 충실하게 살면 미래도 괜찮지 않겠어?"라고 대답할 것이다. 알 수 없는 미래보다는 현실에 집중하고, 지금 내 옆에 있는 사람들과 내가 하고 싶은 것이 무엇인지 파악하는 게 더 중요하다고 생각하기 때문이다. 그러나 앞의 대화에서 진지한 주제로 넘어가고 싶어 했던 친구는 ESFP를 아이처럼 느낄지도 모른다. 만약 당신이 ESFP에게 실망한 표정을 지었다면, ESFP는 금방 알아채고 상처받아 잠시 움츠러든 모습을 보일 것이다. 다음 날이면, 어제의 일을 다 잊고 다시 당신에게 밝게 웃으며 인사할 가능성 99.99%겠지만.

출생순위로 살펴보는 ESFP

첫째 ESFP

자신의 감정 표현에 솔직해, 부모나 동생 중에 극 I가 있으면 부담스러워할지도 모른다. 가족 중 누군가 시무룩해 있으면, 그 사람에게 다가가 말을 걸며 기분을 좋게 해주려고 노력한다. 그 누구보다 가족이 행복하길 원하기 때문에 무엇이든 하려고 할 테지만, 의욕만큼 꼼꼼하지 못해 수습이 안 될 때가 종종 있다.

중간 ESFP

가족 안에서 주목받지 못해 서운할 때가 많지만, 마음속에 서운함을 오래 품고 살지는 않는다. 화가 났다 하더라도 당사자가 와서 미안하다고 사과하면, 금방 풀리고 다시 애정을 쏟는다. 가족의 평화를 위해 첫째를 거스르지 않고 동생을 챙기려한다.

막내 ESFP

어리다고 자신의 욕구나 감정이 무시당한다고 느끼면 가족들

앞에서 유독 위축된 모습을 보일 수 있다. 반면, 가족들이 자신을 좋아하고 배려한다고 느끼면, 강아지같이 깜찍 발랄한 모습을 보일 것이다. 허용적인 가족 분위기에서라면, 막내 ESFP가 조금 발달이 늦더라도 부모는 "괜찮아, 지금처럼 밝게만 자라다오"라고 하며 ESFP를 기다려 줄 것이다.

외동 ESFP

노력하지 않아도 주목받는 가정 환경에서 자라다가 밖에서는 그게 당연하지 않다는 것을 알고 당황하는 시기가 있다. 그러나 주목받고 싶어 하는 욕구가 강하기 때문에 어떻게든 방법을 찾을 것이다. 사람들이 '진짜' 자신을 좋아하는 것인지 궁금해하고, 상대와 분위기에 따라 맞춤형 유머를 구사할 것이다. 부모에게서 풍족하게 사랑받는다 하더라도 거기에 만족하지 않고 친구들이나 선배, 교사에게서도 두루 사랑받고 싶기 때문에 그렇지 못한 상황에서는 다소 위축된 모습을 보이기도 한다.

ESFP는 사랑에 있어 뒤를 돌아보지 않는 워리어

사랑에 있어, 이렇게 용감한 사람이 있을까 싶을 정도로 굉장히 용감한 모습을 보여준다. ESFP는 사랑에 열정을 쏟아, 강렬한 사랑의 노예가 되는 걸 거부하지 않는다. 사랑에 눈이 먼 것 같은 모습을 보일 때가 있으며, 유명인이라면 금기된 사랑으로 세기의 스캔들을 일으킬 수도 있다. 사랑에 장애물이 있다면, 그 장애물을 마땅히 넘어가야 한다고 여기고 사랑의 대상에 대해 더 갈망하지만, 사랑이 이뤄지고 ESFP가 관계에 구속받는다고 여기면 자신이 했던 노력과는 다르게 마음이 식는다. 이런 자신의 모습에 괴로워하다가도 친구들을 만나면 한없이 해맑아진다. 연인과의 관계가 답답하고 괴로울 때 또 다른 열정의 대상이 나타나면, 금세 넘어갈지도 모르니 조심해야 한다.

당신이 ESFP에게 반했다면, 그의 친화적이고 뛰어난 센스를 높이 평가했을 것이다. 그러나 ESFP는 소위 '인싸'라 불리는 인물로, 당신 말고도 ESFP를 좋아하는 사람들이 많을 것이다. 왜 이렇게 여자, 남자 할 것 없이 ESFP 주변을 맴돌고 있는지, 당신이 다가가려 해도 그 틈을 파고들기가 쉽지 않다. 그럼에도 자신을 섬세하게 챙겨준다는 느낌을 받으면, 그 모습에 반할 것이다. 한 번 좋아하면 어느새 그 많은 사람들 사이에서 당신만 바라보고 웃을 것이다.

"어디 갔다 오는 거야? 밥은 먹었어? 오늘 날씨 좋은데, 어디 놀러 안 가?"

당신의 뒤를 졸졸 쫓아다니면서 계속 말을 걸지도 모른다. 인기 많은 ESFP가 강아지처럼 당신을 쫓아다니면, 지나가던 사람이 봐도 ESFP가 당신을 좋아하는 걸 알 것이다. ESFP는 자신의 마음을 표현하는 것에 주저하지 않고, 당신이 자신을 좋아하게 만들기 위해 최선을 다할 것이기 때문에 ESFP가 마음을 먹고 당신에게 다가온다면, 거부하는 건 매우 어려운 일이다. 아무리 당신이 철벽을 친다고 하더라도 그늘 하나 없이 해맑은 ESFP의 모습에 어느 순간 웃고 있을 것이다. 그렇게 새로운 로맨스의 장이 열린다.

ESFP와의 데이트는 새로운 자극으로 지루하지 않게

ESFP 연인은 당신을 행복하게 하는 데에 최선을 다한다. 당신을 볼 때마다 마치 천사를 보듯 눈을 빛내며 보고, 이벤트를 열고 선물을 자주 한다. 연애 초에는 확실히 그렇게 행동할 것이다. 그러나 당신을 볼 때 설레는 단계를 지나 이제 친숙해졌다면, ESFP는 금방 지루해할지도 모른다. 당신을 서운하게 하는 게 싫은 ESFP는 애써 당신에게 다정하게 대하겠지만, 당신이 진지하게 꺼내는 이야기에 자주 주의 산만한 모습을 보인다. ESFP의 그런 모습에 실망해서 불편한 마음을 쏟아내기 시작하면, ESFP는 적극적으로 도망갈 준비를 할 것이다. 당신은 황당할지도 모른다. "아니, 그렇게 좋다고 따라다닐 때는 언제고!"

그렇다고 ESFP와의 연애가 언제나 짧게 끝나는 것만은 아니다. 아직 ESFP가 당신에게 다정한 태도를 유지하고 있다면, ESFP의 애정은 예전보다 불씨가 약해졌을 뿐 꺼진 것은 아니다. 다시 불씨를 강화할 방법은 있다. 그 노력의 일환으로, ESFP와의 연애는 지루할 틈이 없이 생동감 있는 활동들과 흥겨운 사람들로 채우는 게 좋다. 스포츠도 좋아하지만, ESFP는 많은 사람들과 즐겁게 놀 수 있는 파티나 클럽과 같은 곳을 좋아할 것이다. 당신도 사람들과 노는 것을 좋아한다면 ESFP와 함께 즐기는 것이 가장 좋고, 만약 즐기지 못한다면 ESFP만이라도 보내주는 것이 좋다. 그러나 당신이 아무리 정적인 것을 좋아한다고 하더라도 ESFP 연인과 절충안을 마련하여 재즈 페스티벌이나 콘서트 정도는 함께 가서 즐기는 게 좋다. 인생의 중요한 경험에 연인이 없다면 연애를 지속할 필요가 없지 않을까? 그리고 ESFP와의 연애에서 가장 중요한 것! "넌 너무 멋져!"라고 칭찬해 주기. 과한 리액션이라면 훨씬 효과가 좋다. ESFP에게 하는 과한 칭찬은 ESFP의 인내를 연장하는 효과 좋은 방법이다.

연령대별 ESFP 특성과 연애 공략법

20대 ESFP

신입생 OT를 갔다 온 후 동기 대표가 될 가능성이 높다. 대학의 많은 행사에서 조직위원을 맡아 사람들과 부대끼며 일을 하는 것을 좋아하고, 인정받고 사랑받고 싶어 사람들 사이에서 두드러진 모습을 보인다. 멋있어 보이는 거라면 "제가 하겠습니다!"라고 말하며 누구보다 먼저 손을 들 것이다. 이렇게 의욕적인 ESFP, 알고 보면 손이 많이 가는 타입이라 당신이 잘 챙겨준다면 당신에게 눈길을 돌릴 것이다.

30대 ESFP

면접 프리패스상. 직장에서 사람들과 좋은 관계를 맺고 있지만, 경영관리팀이나 회계팀과는 사이가 안 좋을 수 있다. 좋은

게 좋은 거지, 라고 생각하며 일을 하다가 오히려 버는 돈 없이 마이너스가 될 때가 있기 때문이다. 깐깐하고 안전 지향적 팀장을 만나면 회사 생활의 비극이 시작될지도 모르지만, 오히려 그런 반대의 사람과 친하게 지낸다면 서로 보완하며 평생 가는 인연이 될 수도 있다. 직장 내에서 ESFP를 좋아한다면 그 사람의 장점을 적극적으로 칭찬하고, 사석에서 ESFP를 만나 사귀게 된다면 칭찬＋영양제를 챙겨주는 것이 좋다.

40대 ESFP

직장 선배로서 후배들에게 관대한 편이지만, 가끔 후배들이 피곤하게 느낄 수 있다. 왜냐면 ESFP가 한 번 자기 자랑을 하기 시작하면, 멈추지 못할 때가 있기 때문이다. 웬만하면 후배들은 웃음을 잃지 않으려 하기 때문에 ESFP는 신난다. ESFP의 힘은 주변 사람들의 응원에서 나오기 때문에 지칠 때 지치더라도 당신도 힘이 닿는 데까지 ESFP를 칭찬하는 게 좋다. 자신의 칭찬은 반복해도 지루해하지 않을 것이니, 레퍼토리 바꾸는 것에는 크게 신경을 쓰지 않아도 된다.

ESFP를 사랑하는 당신을 위한 조언

- ESFP가 당신에게 먼저 고백했나요? 혹시 사람들 많은 거리에서 무릎 꿇고? 아님, 당신의 얼굴을 다 가릴만한 꽃을 안겨주면서 사랑한다고 했나요? ESFP가 당신을 좋아한다면, 당신이 마치 아이돌과 같은 존재로 느끼게 해줄 거예요.

- 사랑에 대해 진지한 태도를 가졌다면, ESFP가 조금 아이 같아 보일 수 있겠어요. 그러나 어디 가서 이렇게 해맑은 사람을 만날 수 있겠어요. 미래에 대한 고민보다는 당신도 ESFP처럼 현재에 집중할 수 있다면, 서로 행복할 거예요.

- 매일 ESFP에게 칭찬해 주기! 처음에 ESFP에게 받은 사랑을 저축했다 이자까지 붙여서 돌려주는 거로 생각하세요. 활기를 찾은 ESFP는 또 당신에게 적극적으로 사랑을 표현할 거예요.

오다 주웠다며 다이아몬드 캐럿을 꺼내는
ISTP

"사랑하는데, 표현이 더 필요해?"

#모험가이면서정비사 #맥가이버의실존인물
#다잘해 #혼자가취미

ISTP는 파티에 잘 가지도 않겠지만, 어쩔 수 없이 간다고 하더라도 사람들 눈에 제일 안 띄는 구석에 가서 비스듬히 기둥에 몸을 기대고 서서 혼자 사람들을 관찰하며 서 있을 사람이다. 그런데 이 파티에 무슨 사건이 일어나 다른 사람들은 우왕좌왕하며 어쩔 줄 몰라 하고만 있으면, ISTP가 귀찮은 몸을 끌고 어쩔 수 없다는 듯이 사건을 해결하러 움직일 것이다. 전등을 갈아주는 사소한 일에서부터 누군가 쓰러졌다고 하면 ISTP가 신속히 대응한다. 그러나 평소에는 절대 자신이 먼저 나서려 하지 않을 것이다. 자신의 노력으로 큰 성과를 얻어 상이라도 탈라치면, ISTP는 결과에 심취하기보다는 오히려 상에 얽매여 자신의 자유가 제한받을 것에 대해 고민한다. 그러나 고민을 오래 하지도 않아, 다시 이전처럼 돌아와 자신이 그동안 무엇을 이루었든 상관하지 않고 그전에 해왔던 대로 모험을 선택할 것이다.

———

ISTP, 친한 사람에게만 매력을 보여주는 츤데레

ISTP는 쿨펀섹시cool, fun, sexy한 유형으로, ISTP를 몰랐으면 몰랐지, 알고 나면 매력에 빠져 한동안 정신을 못 차리는 사람들이 많다. 누군가에게 자신을 드러내지도, 또 누군가에게 의존하지도 않으면서 자신의 프라이버시를 지켜나가며 현재를 충실히 살아간다. '내일은 알 수 없지만, 나는 지금 내가 할 수 있는 걸 하겠다'는 마인드로, 힘들어도 꾹 참고 해내는 편이다. 사람들에게 자신을 드러내는 것을 별로 좋아하지 않지만, 소수의 친한 사람들에게는 툭툭 아무렇지도 않게 말을 내뱉는데 그게 너무 재밌다. 평소에도 말을 꺼내면 직설적인 편이어서 친구들도 가끔 놀라긴 하지만, ISTP가 친구들을 위해 하는 행동을 보면 애정이 느껴진다. 말보다는 행동으로 표현하고 다시 받을 것을 생각하지 않고 베푸는 편이다.

ISTP가 견디기 힘들어하는 것은 딱딱하고 위계질서 분명한 조직문화다. 자기 나름대로는 참는다 하더라도 얼굴에 불편감이 다 드러난다. 사람들이 자신에 대해서 잘 안다는 듯이 함부로 말하고 사생활을 침해하는 발언을 한다면, ISTP는 더 이상 참지 못하고 아주 날카로운 일침을 가할 것이다. 평소에 이렇다 저렇다 별로 표현이 없던 사람이 갑자기 차가운 표정으로 직설적으로 말하면, 듣는 사람은 충격을 받아 한동안 아무 말도 못하고 멍하게 있을 가능성이 높다. 빈말은 절대 하지 않는 사람이니, 충격을 받더라도 ISTP의 말은 충분히 새겨들어야만 한다.

ISTP는 자신에게 주어진 일을 하는 데 있어서 가장 효율적인 방식으로 일하려 한다. 자유로움을 추구하고 인간관계에 얽매이는 걸 싫어하기 때문에 회사와 같은 조직보다는 프리랜서로 일한다면 더 즐겁게 일할 것이다. 회사를 다닌다고 하더라도 휴가나 퇴직으로 얻은 자유시간을 통해 아무에게도 방해받지 않고 미지의 세계로 떠나는 혼자만의 여행을 감행해, 반드시 충전의 시간을 갖는다.

출생순위로 살펴보는 ISTP

첫째 ISTP

부모가 "동생은 어디 갔냐?"고 물어보면, 어디 갔는지 모른다고 대답할 것이다. 평소에는 딱히 동생들에게 관심을 두지 않는 것처럼 보이는데, 동생들이 누구한테 맞고 들어오기라도 하면 동생 손을 잡고 때린 놈을 찾아갈 것이다. 부모뿐 아니라 동생들 눈에도 자유로운 영혼으로 보이고, ISTP 또한 가족들이 자신의 방에 들어오거나 오늘 무슨 일이 있었는지 꼬치꼬치 캐묻지만 않으면, 별로 불만 없이 지낸다.

중간 ISTP

만약 부모가 첫째와 막내에게만 관심 있고 자신에게 관심 갖지 않는다 하더라도 크게 감정이 동요되지 않는다. "그냥 그런가 보지, 뭐"라며 방 안에서 혼자 레고나 피규어를 조립하고 있다. 명절에 친척을 만나거나 가족 행사에 참여할 때 말없이 한쪽 구석에 앉아 있다가 묻는 말에만 단답형으로 대답한다.

막내 ISTP

웬만한 말은 듣고 흘리는데, 막내라고 무시하고 자기 영역을 침범하면 꼭지가 돌아버릴지도 모른다. 갑자기 독립투사가 된 것처럼 달려들어, 자기 영역을 사수하려 할 것이다. 그러나 아무도 ISTP의 영역을 넘지 않으면, ISTP는 큰 욕심 없이 평화를 추구한다. 막내라고 손이 많이 가는 타입은 아니다.

외동 ISTP

어릴 때부터 독립적인 모습을 보이기도 한다. 부모가 "잠깐만 가만히 있어"라고 하면서 재밌는 퍼즐을 가져다 놓으면, 퍼즐을 하면서 가만히 있는 편이다. 그러나 어릴 때는 다른 궁금한 게 생기면 조용히 자리를 이탈할 수 있으니, 부모 입장에선 가습을 쓸어내릴 일이 생길 수 있다. 외동이기 때문에 성장하면서 ISTP의 독립성은 더 확고해질 가능성이 높다.

ISTP와의 연애는 소리 없이 강하고 실속 만점

조용하고 도통 자기 얘기를 잘 하지 않으니, 어떤 사람인지 파악하는 데 시간이 좀 걸린다. 당신이 말을 걸어도 차갑게 단답형으로 대답해서 ISTP와 대화하기가 어렵다고 여겨지기도 하지만, ISTP가 당신을 자기 영역으로 들어 온 사람이라고 생각하면 장난스러운 모습을 자주 보이고 다정한 말투로 이야기한다. 다른 사람들 앞에서는 여전히 차가운 태도를 유지하지만, 당신 앞에서만 애교스러운 모습을 보여 ISTP와의 연애가 비밀스러우면서도 흥미진진하다.

당신이 ISTP에게 반했다면, 그건 아마도 그의 쿨하면서도 비밀스러운 매력, 왠지 겉은 차가워 보이면서도 속은 따뜻한 것 같아 보이기 때문일 것이다. 귀찮다는 말을 입에 달고 살면서도 막상 당신이 도와달라고 하면 군말 없이 도와주기 때문이다. 그럼에도 ISTP가 평소에 당신에게 아무렇지도 않게 툭툭 직설적으로 내뱉는 말이 상처가 된다. 그럼, 바로 ISTP에게 말해주는 것이 좋다.

"그렇게 말하면 내 기분이 별로 안 좋아. 다르게 표현하면 안 될까?"

당신이 그렇게 말하면, ISTP는 깜짝 놀랄 것이다. 자기 말에 당신이 상처받을 거란 생각을 하지 않았기 때문이다. 악의가 없고 정확한 사실관계를 직설적으로 말한 것이니 괜찮을 거라 생각했는데, 당신의 말에 자신이 좀 더 조심해야겠다고 생각할 것이다. 한 가지 주의할 점은 너무 자주 ISTP에게 투덜거린다면, ISTP는 당신의 마음을 풀어주기보다는 당신과 자신이 맞지 않는다고 여기고 다시 자신의 영역 밖으로 당신을 조금씩 밀어낼 준비를 한다.

ISTP는 연인으로서 당신만 바라보는 해바라기에, 다른 사람에게는 차갑게 대해도 당신에게는 헌신적으로 행동한다. 말로는 "이불 밖은 위험해"라고 해도 당신이 나가자고 하면 말없이 차의 시동을 건다. ISTP는 평소에도 당신에게 필요한 것이 뭐가 있나 살펴보며 말없이 잘 챙겨주는 편이다. 자신이 한 만큼 당신에게 받으려고 하지도 않는다. 그리고 다른 사람의 연락은 자주 무시해도 당신의 전화만큼은 재깍 받는다.

당신이 ISTP 연인과 잘 지낼 방법은 ISTP의 자유를 해치지 않는 것이다. ISTP는 자신이 설정한 영역이 누구보다 분명하고 그 영역의 가운데에는 자신만 홀로 있다. 아무리 당신이라도 ISTP의 핵심 영역에 들어갈 수는 없다. ISTP는 혼자만의 시간이 반드시 필요하고, 만약 연인이 그걸 배려하지 않는다고 느끼면, 자신이 구속당한다고 여기고 연인에게서 탈출하려 할 것이다. 내성적인 성격에 여러 번 표현하지 않겠지만, 한 번 얘기하더라도 직설적으로 "오늘은 집에 있고 싶다"고 얘기할 테니, 그런 ISTP가 하는 요구에 당신이 기분 상해 매몰차게 대하지 말고 존중하려고 노력하는 것이 좋다.

ISTP 연인은 당신에게 크게 바라는 것이 없다. 그저 자신이 독립적으로 사니, 당신도 (당연히!) 독립적으로 살아야 한다고 생각한다. 연애 초반에 ISTP가 당신에게 잘해주는 것 또한 당신이 독립적으로 하는 데에 도움이 된다고 생각해서 그런 것이지, 당신을 리드하는 것은 아니다. 더더군다나 당신의 인생을 책임질 생각은 전혀 없다. 연인이니깐 괜찮겠지, 하는 마음으로 당신이 ISTP에게 기대려 한다면, ISTP는 당신을 이해하지 못할 것이다.

"사람은 모두 혼자 알아서 사는 거 아니겠어?"라는 게 인생에 대한 ISTP의 지론이기 때문이다.

ISTP와의 데이트는 소박하지만, 배려심 있게

ISTP는 영화관에 가더라도 현실을 배경으로 한 영화를 더 좋아하는데, 〈범죄와의 전쟁〉과 같이 우당탕, 한바탕 싸우고 깔끔하게 끝나는 액션 영화나 역사적 사실을 기반으로 한 〈역린〉이나 〈명량〉과 같은 영화를 보길 원한다. 그러나 당신이 보고 싶다고 하면 그게 정적인 독립 영화든, 계속 눈물샘을 자극하는 가족 영화든 볼 것이다. 애초에 영화나 소설과 같은 매체는 어디까지나 이야기일 뿐, 허황되다고 생각한다. 당신이 만약 함께 감동을 나누고 싶다면, ISTP와 그것까지는 어렵다. 아마 영화가 끝난 후 감동에 젖어 울고 있는 당신을 재미있다는 표정으로 흥미롭게 관찰하고 있을 수도 있다.

ISTP는 데이트를 위해 어디 먼 곳으로 떠나거나 맛있는 것을 먹으려 하지 않아도, 분식집에서 김밥을 먹더라도 당신과 있으면 별 불만이 없다. 집 안에서만 데이트한다고 하더라도 답답하게 느끼지 않고 오히려 그걸 더 편하게 여길지도 모른다. 밖으로 나갈 필요가 없다면 ISTP는 집 안에서 며칠이고 편하게 있을 수 있으니, 만약 답답하다면 당신이 ISTP에게 확실하게 표현해야 한다. 당신이 원하는 것을 분명하게 얘기하지 않으면, ISTP는 끝까지 알아채지 못할 수도 있다.

ISTP는 원체 소박하고 당신을 그 자체로 좋아한다. 당신이 무언가 하고 싶다고 하면 ISTP는 맞춰주려고 노력하겠지만, 그렇다고 활동적인 사람으로 바꾸는 건 불가능하다. 그리고 무엇보다 ISTP가 당신을 위해 노력한 것처럼 당신도 ISTP에게 혼자 있는 시간을 주어야 한다. 그렇지 않으면, ISTP는 인내심의 한계를 느끼고 당신에게 모진 소리를 하고 잠적할지도 모른다. 혼자 있는 시간을 주더라도 ISTP는 유혹이 많은 밖에 나가는 것이 아니라, 집에서 플레이스테이션 게임을 한다거나 피규어를 조립할 뿐이니, 너무 걱정하지 말아라. ISTP는 그 시간에 자신이 충전된다고 느껴, 당신을 만날 때 당신에게 더 충실하게 대할 것이다.

연령대별 ISTP 특성과 연애 공략법

20대 ISTP

같은 과나 동아리에서 ISTP를 만났다면, 처음에 친해지기 어려울 수 있다. 쉽게 정을 주지 않기 때문에 당신이 ISTP와 친해지면, 당신에게만 보여주는 모습이 있다. 우선 ISTP와 친해지기 전, 당신이 ISTP의 소극적인 태도와 퉁명스러운 말투에 별로 신경이 쓰이지 않는지 점검하는 게 좋다. 만약 당신이 ISTP의 표현이 신경 쓰이지 않는다면, 하늘이 준 인연이다.

30대 ISTP

먼저 설레발치는 타입은 전혀 아니지만, 자신이 해야 한다고 생각하는 일에 있어선 최선을 다하려 한다. 경계가 불분명한 업무에 대해선 "그거, 제가 꼭 해야 하나요?"라며 반응할 수 있다. 혼술을 즐긴다거나 휴일에는 장시간 숙면을 취하는데, 그런 시간도 ISTP에게는 꼭 필요한 시간이니 배려해 주는 것이 좋다.

40대 ISTP

현실에 충실하고 크게 욕심을 부리지 않으며 커리어를 쌓았다. 40대 ISTP는 어렸을 때보다 자신만의 영역을 확고하게 지키려고 할 것이다. 당신과의 연애에서도 마찬가지인데, 서로 조금씩 양보하면서 영역을 지켜주는 것이 좋다. 좋아하는 취향도 확고하니, 평소에 ISTP가 뭘 좋아하는지 살펴보고 일치하는 거 위주로 대화하면, ISTP는 당신이 자신과 잘 맞는다고 생각할 것이다.

ISTP를 사랑하는 당신을 위한 조언

- 좋아한다고 분명 말해놓고 만나면 말도 없고 적극적으로 표현하지 않아 헷갈리셨나요? 헷갈릴 때면, ISTP의 행동을 보세요.

- 가끔 직설적인 ISTP의 말에 놀랄 수도 있지만, ISTP는 악의 없이 그러는 거라 당신이 기분 나쁘다고 표현하면, 그다음부턴 조심할 거예요. 그러나 당신도 ISTP의 스타일을 있는 그대로 받아들이도록 노력하는 게 어때요?

- 책임감이 없어 보여도 나름 자신만의 방법으로 해결하고있으니, 걱정 말아요. 당신은 걱정되어서 하는 말인데, 너무 잔소리한다 싶으면 ISTP는 자신의 독립성이 침해당한다고 여길 거예요. 그리고 ISTP가 잠시 멀어지는 것에 서운해 하지 말기!

다다미 이불 속 같은
ISFP

"난 너만 있으면 돼."

#자연의아이 #모든동물의친구
#따뜻하고포근해 #널기다려

ISFP는 기본적으로 다정한 사람이다. 그러나 자신의 감정을 적극적으로 다른 사람들에게 표현하지 않기 때문에 ISFP에게 말 걸기 전까지 그 다정함을 알아채지 못할 수도 있다. ISFP는 사람을 좋아하면서도 사람들과 일정한 거리를 두고 싶어 한다. 풀이하자면, ISFP의 다정함을 높이 평가하는 사람들과 있는 걸 좋아하지만, ISFP를 얕잡아보고 ISFP의 영역을 과하게 침범하는 것 같으면 일정한 거리를 두려 하는 것이다. 자신이 다른 사람에게 피해 주는 걸 싫어하지만, 다른 사람에게 자신이 피해 받는 것 또한 싫어하고, 무례한 태도를 그냥 넘기지 못한다.

ISFP, 이불 속이 가장 좋은 섬세한 평화주의자

자유롭고 독립적인 영혼이면서도 타인에 대한 매너를 지키려고 노력한다. 그래서 자신의 자유를 위해 남들에게 피해를 주려고 하지 않고, 모두가 행복한 적정선을 찾으려 한다. 행복은 어디 먼 곳에 있는 것이 아니라, 자기 방 이불 속에 있다고 여긴다. 그래서 그런지, 가끔 쉬는 날에 이불 속에서 벗어나지 않으려 한다거나 TV 앞 거실 소파에 눌어붙어 있듯 누워있다.

천하태평해 보이는 ISFP이지만, 만약 ISFP에게 부정적인 말을 한다면 ISFP는 말의 정도에 상관없이 뉘앙스만으로도 감지할 것이다. 처음 몇 번 들었을 때에는 분위기를 전환하려 웃고 애교를 부리기도 하지만, 자신에 대한 비판을 정도가 약하더라도 자꾸 들으면 더 이상 웃지 않을 뿐 아니라, 매우 의기소침한 모습을 보일 것이다. 그렇다고 해서 ISFP를 바꿀 순 없다. 밝고 긍정적인 모습과 집에서 아무 것도 하지 않고 늘어지는 모습은 모두 ISFP에게 해당하는 것으로, 있는 그대로 ISFP를 존중해주는 것이 좋다.

섬세한 ISFP는 자신의 따뜻한 감성으로 자신의 가까운 사람들을 기쁘고 행복하게 해주려 노력하지만, 가장 중요한 건 자신이다. 자신의 행복을 최우선으로 두고 다른 이들의 행복을 고려한다. 그렇기 때문에 가족이라도 ISFP에게 선을 넘는 행동을 한다면, 더 이상 ISFP의 친절을 기대할 수 없을 것이다. 평소에는 온순한 아기 고양이 같고 대책 없이 해맑아 보이지만, 일단 화가 나면 발톱을 세워 격렬하게 화를 낸다. 만약 ISFP가 화를 내는 모습을 보인다면, 빨리 사과하는 게 현명하다. 제대로 사과를 받으면 금방 화가 수그러지고 뒤끝이 없는 편이라, 적절한 사과를 한다면 걱정할 필요가 없다.

출생순위로 살펴보는 ISFP

첫째 ISFP

동생들과 사이좋게 지내고 싶어 한다. 부모가 힘들어한다면, 자신이 대신 청소한다거나 설거지하는 등 부모를 돕기 위한 행동을 한다. 그러나 어디까지나 그런 행동은 자신의 영역이 지켜졌을 때의 이야기고, 만약 가족이 자신에게 과한 책임을 전가한다거나 동생들에게 희생을 강요하면, 첫째 ISFP는 매우 힘들어할 것이다.

중간 ISFP

부모의 마음과 첫째와 막내의 동태를 살피며 행동한다. 가족의 평화를 위해 보이지 않게 노력하지만, 이런 중간 ISFP의 노력을 오랫동안 무시하면, 마음에 깊은 상처를 갖게 된다. 그 문제로 부모나 형제에게 따지고 들진 않겠지만, 자신의 영역이나 물건까지도 함부로 뺏기게 되면 그 계기로 상처가 건드려져 힘들어하는 모습을 보인다. 최소한의 영역은 보장해 줘야 한다.

막내 ISFP

가족들을 잘 따르는 귀여운 아이다. 사랑을 많이 받으며 성장한 경우, 집에서나 밖에서 바다의 '소금' 같은 역할을 할 것이다. 웬만한 일에 '그럴 수도 있지'하면서 넘어가지만, 막내라고 너무 놀리거나 '그건 아무나 할 수 있어'라며 기를 죽이면 오랫동안 침대에 누워만 있는 등 무기력한 모습을 보일 수 있다. 막내 ISFP가 이런 무기력한 모습을 보이면, 다정하게 기를 북돋아 줄 필요가 있다. "너도 눈치챘는지 모르겠지만, 넌 참 대단해."

외동 ISFP

성장하는 과정에서 부모의 고민을 들어주는 꼬마 상담사 역할을 하기도 한다. 어른들에 대해 이해하면서도 복잡한 것을 싫어하기 때문에 어른들의 고민을 아주 깔끔하게 정리해 준다. 많은 사람을 사귀려 하지 않기 때문에 소수의 친한 사람들만 ISFP가 다정하고 따뜻한 사람인 줄 안다. 만약 부모가 맞벌이 한다면, 부모의 사랑을 간절히 바라면서도 부모를 이해하기 때문에 어떻게든 본인이 알아서 하려고 한다.

ISFP의 연애는 고양이와 집사의 관계 같은 것

ISFP와의 연애는 고양이와 지내는 것 같은 데가 있다. 하얗고 보드라운 털을 가진 고양이는 어떨 때는 자신을 쓰다듬길 허락하지만, 어떨 때는 자기 몸에 손도 못 대게 할 때가 있다. ISFP 연인도 마찬가지로, 당신이 우울해 있으면 곁에 다가와 가만히 머리나 등을 쓰다듬거나 안아주는 등 다정하게 위로해 주지만, 당신이 ISFP가 생각하는 예의에 벗어나는 말이나 행동을 하면 아주 날카롭게 변할 수 있다. ISFP가 예민하게 대응할 때는 맞대응하기보다는 혼자 있을 시간을 조금 주는 것이 좋다. 시간이 흐른 뒤, 당신에게 서운했던 것에 대해 차분하게 말하고 그 얘기를 당신이 들어준다면 당신에게 다시 애정을 표현할 것이다. 한 번 마음이 풀리면 뒤끝이 별로 없지만, 불쾌한 일이 반복된다 싶으면 참다 참다 폭발해서 어느 순간 뒤도 안 돌아보고 떠날 수도 있다.

ISFP는 오늘 하루 우울하고 불쾌한 일이 있다 하더라도 당신에게 얘기 안 할 수도 있다. 자신에게 일어난 안 좋은 일을 당신에게 말하는 것에 대해 매우 조심스럽기 때문이다. 워낙 갈등을 싫어하기 때문에 그렇기도 하고, 당신까지 기분 안 좋아질까 봐 걱정해서 그렇다. 그러나 당신이 눈치가 빠르다면, 말하지 않아도 ISFP의 표정을 보고 안 좋은 일이 있었음을 짐작할 것이다. 내성적이고 자기 속마음을 쉽게 드러내지 않지만, 표정까지 숨기진 못하기 때문이다. 그럴 때 ISFP가 무슨 일이 일어났는지 캐물어 알아내기보다는, 스스로 말할 때까지 기다려 주면서 다른 때보다 ISFP에게 따뜻하게 대해주는 것이 좋다. 당신이 정말 믿을 만한 사람이라고 생각하면, ISFP가 먼저 와서 당신에게 무슨 일이 있었는지 말할 것이다.

당신이 ISFP에게 반했다면 아마 ISFP의 섬세하고 포근한 매력 때문일 것이다. 잘 드러내지 않아 몰랐지만, 가만히 지켜보니 가까운 사람들에게 따뜻하게 대하는 ISFP가 멋져 보였을지 모른다. 알면 알수록 ISFP는 다정한 사람이고, 당신도 ISFP와 함께라면 세상이 좀 더 따뜻하게 느껴진다.

ISFP는 사랑에 있어, 언제나 당신의 편이 되어주려는 사람이다. 당신의 이야기에 충분히 공감하고 당신의 기분이 나아지게 노력한다. 당신만 바라보는 헌신적인 면이 있지만, 가끔 충동적으로 행동할 때가 있어서 누군가 자신을 향해 적극적으로 구애를 펼치면 확실하게 거절하지 못하고 내면적으로 갈등하다가 상대에게 여지를 남긴다거나 하는 오해가 될 행동을 하기도 한다. 그러나 귀차니즘이 발동될 때에는 사람을 아예 만나지 않고 살 수도 있기 때문에 당신이 매력적인 ISFP를 사귄다면, 혼자서도 잘 노는 ISFP 연인에 대해 오히려 고맙게 여겨라.

ISFP와의 데이트는 당신이 리드하는 대로, 그러나 너무 지치지 않게

ISFP는 무난한 데이트를 원하고 당신과 데이트하면서 특별한 활동을 하기보다는 카페에서 즐겁게 얘기 나누고 천천히 산책하며 시간을 보내는 것에 만족할 것이다. 반려견이 있다면, 서로 애견 카페나 공원 산책을 즐기는 것이 좋다. 그러나 만약 당신이 반려견을 훈련해서 대회에 나가는 준비를 함께 하자든가 마라톤을 하자고 하면, 당황스러워할 것이다. 당신의 눈치를 살피며 처음부터 싫다고 얘기하지는 못하다가 의욕적이지 않아 당신이 ISFP에게 부정적인 멘트를 하면, 그제야 자신의 마음을 조심히 얘기할 가능성이 높다. "사실 나는 너와 네 강아지와 함께 있는 것만으로도 좋은데……"라고 말하면서 말이다.

이 말은 거짓말이 아니라, 진짜 ISFP의 마음을 드러낸 것이다. 연애에 있어서 ISFP는 당신을 우선적으로 존중해야 한다고 생각하지만, 자신 또한 중요하기 때문에 뒤늦게 자신이 원하는 것에 대해 이야기한다.

ISFP에게 뭐 하고 싶냐고 하면, "글쎄…, 넌 뭐 하고 싶은데?"라며 당신에게 되물을 것이다. ISFP가 가장 좋아하는 건 뒹굴뒹굴하는 것인데, 그런 말을 하면 당신이 실망할까 봐 하고 싶은 것에 대해 이야기 안 할지도 모른다. 당신이 하고 싶은 게 있으면 ISFP에게 표현하는 것이 좋다. 만약 신체를 많이 쓰는 스포츠 활동이라도 당신이 하자고 하면, ISFP는 자신의 적은 에너지를 동원해 함께 할 것이다. 그러나 ISFP가 당신의 텐션을 맞출 거라는 걸 기대해선 안 된다. 혼자 있을 때 에너지가 충전되는 ISFP는 외부 활동에 에너지가 쉽게 닳아 없어진다. 당신을 실망시키기 싫어 함께 하긴 했지만 어쩔 수 없이 쉽게 지치는 ISFP를 당신이 이해해 준다면, ISFP는 당신에게 봄 햇살같이 따뜻한 사람이 되어줄 거다.

연령대별 ISFP 특성과 연애 공략법

20대 ISFP

대학 동기로 만났다면, 1학기에는 존재감이 없다가 2학기에 서서히 존재감을 드러나는 유형이다. "어머, 저런 멋진 애가 학과에 있었어?" 꼭 얼굴이 잘생기지 않았어도 ISFP의 매력은 '가랑비에 옷 젖는 줄 모르며' 스며드는 특성을 가지고 있다. 정신을 차렸을 땐 이미 ISFP의 매력에서 당신은 헤어 나올 수 없다. 이런 ISFP를 누구보다 빠르게 알아채고 적극적으로 다가가는 게 ISFP를 차지하는 데 유리하게 작용한다.

30대 ISFP

회사 안에서 편안하고 좋은 동료로 인식되어, 친구가 많다. 사람들의 기분에 영향을 잘 받고 눈치가 빠르기 때문에 그런 특성을 살릴 수 있는 업무를 한다면 승승장구할 것이다. 안전하고 꼼꼼한 일보다는 사람들을 매료시키고 도전적인 일에 어울리니, 회계보다는 기획에 어울린다. ISFP를 좋아한다면, 절대 칭찬을 아껴서는 안 된다.

40대 ISFP

회사에서 중직을 맡고 있다면, 워라밸을 확실히 지키며 살고 있을 것이다. 다른 사람의 감정에 민감하게 영향받고 사람들에게서 사랑받고 싶어 하는 ISFP는 동시에 사람들에게서 멀어지고 싶어 한다. ISFP가 일에 집중하여 단계적으로 커리어를 쌓아 갈 수 있는 비결은 워라밸을 확실히 지킬 수 있는 직장에서라면 가능하다. 40대 ISFP는 경험을 통해 워라밸의 균형을 잘 잡고 있을 가능성이 높으니, 그의 밸런스를 당신이 존중하는 것이 좋다.

ISFP를 사랑하는 당신을 위한 조언

- ISFP의 말 없는 헌신을 당연하게 여기지 마세요. 연인으로서 ISFP 같이 당신에게 따뜻한 사람을 다시 만나기 어려울 겁니다. ISFP의 헌신을 세세하게 알아채 주고 고마워해 준다면, ISFP는 당신을 향한 마음을 절대 접지 않을 거예요.

- ISFP가 집 밖을 잘 나가려 하지 않는다고 게으른 건 아니에요. 다만 남들보다 에너지 방전이 빨라, 자주 충전해야 할 뿐이에요. 만약 당신이 약간이라도 부정적인 뉘앙스로 얘기하면, ISFP는 속상한 마음에 더 혼자 있으려고 할 거예요. 원하는 결과가 이게 아니잖아요?

- 가끔 리액션이 고장 날 때가 있는데, 그렇다고 당신을 향한 마음이 변한 건 아니에요. 당신을 위해 고갈된 에너지를 마지막까지 끌어 쓰다가 그럴 때가 있는 거예요.

2장

매일 꿈꾸고
여러 방면으로 행복을 찾아

ENTP, ENFP
INTP, INFP

롤러코스터같이 흥미진진하면서 살벌한
ENTP

"사랑은 일종의 게임이지."

#내세계의주인 #논쟁은피를돌게해
#엉뚱한싸패 #아이디어폭발직전

항상 자신감이 넘치는 ENTP, 어떤 주제에 대해서도 자신의 생각을 밝히는 것에 주저하지 않는다. ENTP가 말하는 걸 듣노라면, '아니, 평소에 이런 생각을 다 하고 살았어?'라는 생각이 든다. 그만큼 ENTP는 한 우물만 파기보다는 다양한 분야에 두루 관심이 있다. 인간 내면의 심리에 대해서 관심이 있고, 지구에 대한 관심뿐 아니라, 우주에 대해서도, 보이지 않는 세계에 대해서도 관심이 대단하다. 자신이 궁금한 것을 알아내기 위해 치열하게 파고들며, 자신만의 뛰어난 논리로 연결시킨다.

ENTP, 아이디어 가득한 타고난 언변가

ENTP는 타고난 언변가로, 위기 상황에서 말 한마디로 상황을 전복시키기도 한다. 그만큼 유연하게 상황에 잘 대처하며, 자신의 논리로 앞의 사람들을 당황하게 하는 것을 즐긴다. 승리욕이 매우 강한 ENTP의 경우에는 자신의 논리로 토론의 상대를 압도하는 것을 즐긴다. 토론이 끝나고 상대의 얼굴은 붉으락푸르락하지만, ENTP는 전혀 영향을 받지 않고 생글생글 웃고 있을 수 있다. ENTP의 이런 모습 때문에 멘탈이 강한 사람 아니면 '사이코패스'로 오해하기도 하지만, 그렇다고 ENTP가

마냥 속 편한 사람은 아니다. 무엇보다 ENTP와 갈등을 빚는 건 ENTP의 말 한마디, 한마디에 상처받아 되돌려주는 사람이다. ENTP가 자기 말에 상처받았다는 반응에 열폭해, "진짜 상처 주는 게 뭔지 보여주마"하고 분노의 언어를 시전한다면 귀에서 피가 날 수도 있으니, 그럴 땐 최선을 다해 피하는 것이 좋다.

ENTP는 어떨 때는 찔러도 피 한 방울 안 나올 것처럼 아주 차갑고 논리정연하게 말하는 듯싶다가도, 어떨 때 보면 저렇게 감정이 앞서는 사람이었나 싶게 행동한다. 주로 자존심이 손상되었다고 느끼거나 '넌 틀렸어'라고 단정적으로 하는 얘기를 들을 때 감정이 앞선다. ENTP는 화가 나면 뒤도 안 돌아보고 관계를 끊을 수 있으며, 대체로 후회하지 않는다.

인간관계에 얽매여 살진 않지만, 사람들 사이에서 유쾌하고 자유로운 영혼의 소유자로 인기가 많다. 눈치도 잘 안 보는 편이고, 위계질서로 갑갑한 분위기를 싫어하기 때문에 ENTP는 자신의 불만을 여과 없이 표출한다. 그렇지만 ENTP의 자유로움을 충분히 존중해 준다면, ENTP만이 할 수 있는 독특한 아이디어의 향연을 목격할 것이다.

출생순위로 살펴보는 ENTP

첫째 ENTP

악의는 없지만 본인 재밌자고 동생을 괴롭힐 수 있다. 동생이 우는 것마저 재미의 연장으로 바라본다. 평소에는 가족이 자신에 대해 어떻게 평가하는지 관심 없다가도 부정적 피드백을 받으면 화를 낸다. 그래도 ENTP는 워낙 재밌는 사람이라, 동생들이 따를 것이다.

중간 ENTP

가족 구성원에게 주목받지 못하면 밖으로 나가 친구들에게 에너지를 쏟으며, 자신이 리더가 되어 무리를 만들 것이다. 자신의 억울함에 대해 항변을 많이 하지만 부모가 ENTP가 이기적이어서 그러는 거라고 오해하면, 더 안 좋은 방향으로 행동할 가능성이 높다. 첫째나 동생을 위해 희생하는 것에 부담을 느낄 수 있으니, ENTP에게 강요하지 않는 것이 좋다.

막내 ENTP

가족에게서 인정받는 걸 중요시하며, 인정욕구가 충족되면 독특한 발상을 멈추지 않는, 아주 똘똘한 아이로 성장할 것이다. 얌전하기보다는 자기주장이 확실하고, 막내라고 무시하면 절대 가만히 있진 않는다. 형제 중 가장 선입견이 없어, 가족 중에 누군가 커밍아웃을 한다면 제일 먼저 쿨하게 받아들일 것이다.

외동 ENTP

"내 삶을 그냥 내버려 둬~♬♪" 노래 〈뮤지컬〉의 가사처럼 외동 ENTP는 부모의 간섭에 적극적으로 대응할 것이다. 어릴 때라도 친척 어른들이 자신에 대해 이러쿵저러쿵 얘기한다면, 어른들 보기에 버릇없게 대꾸할 수도 있다. 자신의 생각이나 행동에 대해 존중받길 원하며, 그렇지 못한 사람에게도 위아래 할 거 없이 즉각 대응한다.

———

ENTP와의 연애는
통제 불가, 예측 불가능에서 오는 재미

ENTP는 당신과의 연애를 자신이 이겨야 하는 게임의 하나로 볼 수 있다. ENTP가 당신을 많이 좋아해도 좋아하는 마음을 당신을 놀리는 것으로 표현하며, 당신에게 자신의 전부를 보여주지 않으면서 계속 긴장감을 가지게 할 수 있다. ENTP는 연애에 있어 스릴 있는 것을 즐기고, 당신이 자신에게 전부를 내보이는 걸 별로 매력 있다고 생각하지 않을 것이다. 그렇다고 ENTP가 당신에게 헌신하지 않는 건 아닌데, ENTP가 생각하는 헌신은 당신과 시간을 보내고 당신과의 시간을 위해 돈을 쓰는 것이기 때문이다. 매력적인 ENTP의 마음을 단번에 사로잡는 것은 불가능하며, 계속 미션을 수행하듯 재미있게 보내는 것이 좋다.

당신이 ENTP에게 반했다면, 아마도 그가 적극적으로 당신에게 다가갔기 때문이 아닐까? ENTP는 자신이 좋아하는 사람에게 거침없이 다가가는 편으로, 거절당한다고 하더라도 자존심 때문에 나름의 논리로 정신 승리를 거둔다. 그러나 한 번의 고백으로 ENTP가 당신의 사람이 된 것으로 착각하지 마라. ENTP는 자신의 모습을 다 보여주지 않았고, 특히 애인에게서 흥미로운 점을 찾으려고 노력할 것이다. 흥미가 떨어지면, ENTP는 아주 빠르게 당신에게서 멀어지려 할 것이다.

그러나 당신이 ENTP의 독특한 아이디어와 규칙에 얽매이지 않는 자유로움을 이해하고 공유한다면, ENTP는 자신도 모르게 당신에게 자기 내장까지 다 보여주려고 할 것이다. ENTP가 연애를 게임으로 보는 것은 ENTP 특유의 승리욕과 재미를 추구하는 것에서 비롯된 것일 뿐, 당신이 자신의 독특한 정신 세계를 이해한다고 생각하면 당신을 필생의 연인으로 여길 것이다.

당신이 ENTP의 매력에 빠져있다면, ENTP가 이기적으로 행동하지만은 않다는 걸 잘 알 것이다. 당신이 시무룩해 있거나 고민이 있다고 털어놓으면, ENTP는 복잡한 사안이더라도 아주 명료하게 정리해 줄 것이다. 매번 그런 것은 아니지만, ENTP는 중요한 순간에 실제 벌어진 사건의 이면에 있는 역동까지 파악하는 혜안을 보여준다. 그런 ENTP를 경험하면, 당신은 오랫동안 ENTP의 매력에서 벗어날 수 없다.

———

ENTP와의 데이트는 요즘 가장 인기있는 활동으로

ENTP와 데이트할 때 ENTP가 당신과의 데이트를 완벽하게 계획해서 나타나리라 생각하면, 실망만 클 것이다. ENTP에게 계획은 중요한 것이 아니고, 최근 사람들이 가장 많이 즐기는 활동을 하고 싶어 한다. 방 탈출 게임이 유행이라고 하면 방 탈출 게임을 하고 싶어 할 것이고, 서바이벌 게임이 유행이라고 하면 서바이벌 게임을 하고 싶어 할 것이다. 거친 활동도 좋아하지만, 기본적으로 승부하는 것을 좋아하기 때문에 콘솔이나 PC 게임도 좋아한다. ENTP와 게임을 시작하면 ENTP가 이길 때까지 해야 끝날 수 있기 때문에, 당신이 ENTP를 이기더라도 너무 놀리면 그날 집에 못 들어가고 게임만 할 수도 있다.

데이트할 때 당신이 약간만 머뭇거려도 ENTP가 자기 맘대로 결정할 가능성이 높다. 당신이 원하는 것이 있다면, 조금 더 적극적이고 명료한 단어로 ENTP에게 의사를 전달하는 것이 서로에게 좋게 작용할 것이다. 자신이 항상 편하게 원하는 것을 얘기하니, 상대방도 당연히 그럴 거라 여기기 때문에 만약 당신이 말하고 있지 않으면 ENTP는 영영 모를 것이다.

연령대별 ENTP 특성과 연애 공략법

20대 ENTP

인간관계 필요 없다고 말하고 다니는 데도 주위에 친구들이 많다. ENTP의 솔직한 매력과 엉뚱한 이야기를 재밌다고 여기는 친구들이 생각보다 많아서 그렇다. 친구를 유치하게 놀리는데, 그럴 때 보면 다섯 살 미취학 아동 같아 보인다. ENTP를 좋아한다면, 그를 단계적으로 유혹하는 것이 필요하다. 한 번에 마음을 다 주는 것보다는 어제는 좋아하는 것 같았는데, 오늘은 아닌 것 같이 헷갈리게 하는 것이 좋다. ENTP와의 연애도 모험이다.

30대 ENTP

커리어를 한창 쌓아가고 있는 ENTP. 끊임없이 새로운 걸 배우고 싶어 하기 때문에 일에 있어서도 ENTP의 지적 욕구를 충족시켜주고 자극하는 일을 하는 것이 좋다. 연애에 있어, 자신에게 매달리는 사람에게는 전혀 흥미를 느끼지 못하기 때문에 당신이 ENTP를 연인으로 만들고 싶다면, 쿨하면서도 대화가 잘 통하는 사람이 되어야 한다. 평소 ENTP가 어떤 주제에 관심을 보이고 있는지 체크하라.

40대 ENTP

자신만의 견고한 가상 세계를 구축했을 수도 있다. IT에 빠졌을 수도, 희귀식물 재배에 빠졌거나 종교에 심취했을 수도 있다. 10년간 열심히 하다가도 갑자기 다 때려치우고 취미를 바꾸어버릴 수도 있다. ENTP에게 여전히 흥미로움은 중요하기 때문이다. 40대 ENTP에게도 여전히 어린아이와 같은 모습이 있으니, 이런 면을 수용해 주자.

ENTP를 사랑하는 당신을 위한 조언

- 엉뚱하면서도 지혜롭고, 직설적이면서도 이해가 넓은 ENTP는 매력적인 인물입니다. 다만, 당신이 다른 사람과 비교하면서 ENTP에게 헌신을 요구하면, ENTP는 그것이 왜 잘못됐는지 논리적으로 당신을 비판할 거예요.

- 적극적으로 당신에게 다가왔고 연애에서 적극적이지만, 어쩐지 ENTP가 당신을 배려하지 않는다고 느껴질 때가 있을 거예요. 그럴 때는 ENTP에게 표현하는 것이 좋아요. 너무 길게, 감정 소모가 크게 얘기하지만 않는다면, ENTP는 당신의 의견을 흔쾌히 받아들일 거예요.

- ENTP와 다투게 된다면, 잠시 떨어져 있는 게 좋습니다. ENTP의 맹렬한 비난에 당신이 깊은 상처를 받을 수도 있으니까요. 화가 가라앉으면 ENTP와 침착하게 이성적으로 대화가 가능해 질 거예요.

언제나 사랑에 개방적인 로맨티스트
ENFP

"어떻게 사랑이 안 변하니?"

#여러분모두사랑해요 #입금전_입금후
#자극이필요해 #매일다른세상

ENFP는 사람들과 함께 있을 때 혼자 조명을 받는 것처럼 느껴질 정도로 밝게 빛난다. 다양한 사람들을 두루 만나는 걸 즐기고, 사람들 사이에서 자신의 매력을 뽐내는 걸 좋아한다. 관심 분야가 넓은 데다가 친화력이 갑이어서 어느 분야에 있는 사람을 만나도 호기심 어린 질문을 한다.

"식물을 좋아하시는구나. 제가 최근 식물에 대해 관심을 갖게 되었는데, 혹시 지금 어떤 식물을 키우시는지 여쭤 봐도 될까요?"

ENFP, 새로운 만남을 좋아하는 귀여운 관종

ENFP의 질문을 들은 사람들은 신나게 대답할 가능성이 높다. 워낙 호의적인 태도를 보이는 데다가 이야기를 잘 들어주고 리액션까지 좋기 때문이다. ENFP와 얘기하면 재밌다. 그러나 ENFP가 흥미를 금세 잃어버리고 마무리용으로 미소 지으며 다른 사람에게로 자리를 옮긴다고 하더라도 너무 실망하지 말아라. ENFP의 관심 분야가 넓은 것이 사람에게도 적용되는 것으로, 여러 사람과 대화하고 싶은 마음에 그런 것이다. 화창한 봄날, 따뜻한 햇살 아래에서 꽃과 꽃 사이를 누비는 나비가

ENFP이다.

ENFP는 새로운 사람들을 만나는 것을 좋아하고, 사람들에게서 에너지를 받기 때문에 영업이나 마케팅에 잘 어울린다. 자신의 외향성을 발휘하지 못하는 직업에서는 자신을 무력하게 느낄 수 있기 때문에 직장에서 외향성을 발휘하지 못한다면, 여가 시간에 충분히 발휘해야 자신에 대한 긍정성을 유지할 수 있다. 직장 내에서 함께 일하는 동료, 상사, 후배에게서 애정 어린 피드백을 원하며, 그렇지 않을 경우 당신도 ENFP에게서 좋은 소리를 듣긴 어려울 것이다.

"너, 정말 재밌는 사람이구나."

"넌 똑똑한 데다가 친절하기까지! 완벽해."

칭찬을 들으면 자기 간이라도 내줄 수 있는 게 ENFP다. 자신을 칭찬해서 기분 좋은 것도 있지만, 칭찬을 하는 사람의 마음이 고맙기 때문이다. ENFP는 칭찬을 들으면, 반드시 돌려줄 것이다. ENFP끼리 모여 있다면, 마르지 않는 샘에서 물을 건져 올리듯이 몇 시간이고 지치고 않고 서로에 대해 칭찬할 것이다.

ENFP가 가끔 수습 불가능한 일을 벌이기도 하는데, 대체로 그런 일의 성격은 사람과 관련된 일이다. 거절을 못 해서 그렇기도 하지만, 워낙 사람들에게 무장해제가 잘 되는 사람이라 흥에 취하거나 공감을 심하게 해서 자신의 선에서 처리 가능한 선을 넘어 일을 벌인다. 그렇기 때문에 ENFP가 과흥분 상태로 되는 것 같다 싶을 때에는 옆에 있는 사람이 약간 다운시키는 것도 필요하다. 아니면, ENFP가 선의에 불타올라 미래는 전혀 고려하지 못하고 회사나 집에 있는 곳간을 다 털어 세상에 베풀지도 모른다.

출생순위로 살펴보는 ENFP

첫째 ENFP

부모, 동생들과 화목하게 지내려고 노력한다. ENFP의 화려한 언변과 주변을 즐겁게 만들기 위한 노력이 가족 안에서 빛을 낸다면, ENFP는 언제나 가족을 최우선으로 두고 헌신적으로 할 것이다. 성인이 되면, 자신이 리더가 되어 가족과의 여행이나 함께 할 수 있는 활동을 계획한다. 하지만 가족들이 이를 당연하게 여기고 고맙다고 표현하지 않고 오히려 불평만 늘어놓으면, 굉장히 서운해 할 것이다.

중간 ENFP

형과 동생 사이에서 핵심적인 역할을 맡는다. 첫째가 리더 역할을 하면 중간 ENFP가 서포터 역할을 하고, 동생하고 있을 때에는 본인이 리더 역할을 한다. 관심 받는 걸 좋아하는 ENFP가 스스로 알아서 잘 하는 것은 부모에게 칭찬을 기대하며 한 것으로, 부모의 관심이 첫째와 막내에게 쏠리면 상대적 박탈감을 경험할 수 있으니 적절한 관심과 칭찬을 꼭 해야 한다.

막내 ENFP

하고 싶은 것도 많고 표현하고 싶은 것도 많으며, 부모와 형제들에게 인정받고 싶어 한다. 자신이 아주 작은 도약을 할 때마다 칭찬받고 싶어 하는데, 그럴 때 가족들이 무관심한 태도를 보이면 상처받는다. 하고 싶은 게 많지만, 쉽게 흥미를 잃을 수 있다. 그럴 때는 ENFP의 성과에 대해 세세하게 칭찬하고 독려한다면, ENFP는 동력을 얻어 꾸준함을 이어 나갈 수 있다.

외동 ENFP

수평적인 관계를 편하게 느끼는 ENFP는 만약 부모가 경직되고 지나치게 위계질서를 강조한다면, 다소 위축된 모습을 보이고 집에서 자신의 이야기를 하는 것에 어려움을 느낄 것이다. 외동 ENFP은 부모와 강한 연대를 느끼기 때문에 부모와의 관계 양상이 향후 사회적 관계 맺는 데에 영향을 미칠 것이다.

ENFP와의 연애는
세상에 하나뿐인 특별한 존재가 되는 경험

ENFP는 당신을 마음에 품은 순간부터 연애하는 중에도 자신의 사랑을 적극적으로 표현할 것이다. 마치 아이돌 스타를 만나는 팬처럼 당신의 말 한마디, 행동 하나에도 사랑스러워 미치겠다는 모습을 보인다. 당신이 쑥스럽다고 ENFP의 이런 행동을 호들갑스럽다고 말한다면, ENFP는 삐질 것이다. ENFP의 마음을 빨리 풀어주는 게 좋다. 인내심이 그리 길지 않은 ENFP는 부정적인 마음을 오래 품으면, 당신에 대한 애정이 빠르게 식을지도 모른다. ENFP가 당신에게 평소에 보여주는 긍정적인 태도를 계속 보고 싶으면, 그 모습이 영원할 거라 생각하지 말고 ENFP의 애정이 식지 않게 잘 대응하는 것이 좋다.

당신이 ENFP에게 반했다면, 아마도 ENFP의 파워 긍정 모

드와 그가 많은 사람과 즐겁게 어울리는 인싸이기 때문일 것
이다. ENFP는 사람들 중심에 있으면서도 누구 하나 놓치지 않
고, 한 사람 한 사람 기분을 잘 맞춰주는 대단한 친화력의 소유
자다. ENFP가 당신을 좋아한다면, 자기 주변에 있는 사람들을
놓치지 않으면서도 당신에게 특별한 사인을 보낼 것이다. 그리
고 둘만 있을 때 당신에 대한 마음을 온몸으로 표현할 것이다.
만약 당신의 연애 스타일이 '천천히 알아가는 스타일'이라면,
ENFP의 연애 스타일과 충돌할 것이다. ENFP는 당신에게 반
한 그 순간에 운명적 사랑을 만났다고 여기고 이미 마음의 빗
장을 다 열어 무장해제했기 때문이다.

ENFP와의 연애는 당신에게 '내가 이렇게 특별한 존재라
니!' 하는 마음을 갖게 한다. 언제나 해를 향해 있는 해바라기,
꽃을 찾아다니는 벌처럼 ENFP는 당신에게 집중하기 때문이
다. 당신이 보고 싶다고 말하면, 거리가 얼마나 되던지 상관하
지 않고 기차를 타거나 배를 타서라도 당신을 만나러 간다. 당
신의 얼굴을 10분만 본다고 하더라도 ENFP는 만족하고 다시
돌아갈 것이다. ENFP와의 연애는 당신에게 강한 인상을 남길
것이고, 그런 일이 절대 일어나면 안 되지만, 안타깝게 헤어지

더라도 당신은 ENFP를 한동안 잊지 못할 것이다.

장기적 관계에서 ENFP가 좋은 연인이 될 수 있는 비결은, 당신이 ENFP의 긍정적인 면을 높게 평가하고 ENFP의 수다스러움을 즐겁게 여기면 가능하다. 거기에 한 가지 당부하고 싶은 부분이 있는데, ENFP는 돈을 벌면 자신도 모르게 쓰는 기분파이기 때문에 장기적 관계에서 당신이 ENFP의 지갑을 단속할 필요가 있다. 당신을 신뢰한다면, ENFP는 자기 지갑을 당신에게 맡길 것이다.

———

ENFP와의 데이트는 동심의 세계로 떠날 수 있게

ENFP는 당신과 함께라면 뭐든지 즐거워하겠지만, 정적인 활동에는 금방 재미를 잃고 지루해할 수 있기 때문에 ENFP와의 데이트는 어린아이와 같이 천진난만하게 놀 수 있는 활동이 좋다.

가장 좋은 건 놀이공원에 가는 것! ENFP는 상상력이 뛰어난 유형으로, ENFP의 상상을 자극할 수 있는 활동에서 가장 즐거움을 느낀다. 놀이공원의 즐거움은 스릴감이 있는 놀이 기구를 타는 것뿐 아니라, 현실 세계가 아닌 다른 세계인 것과 같은 느낌을 주는 데에 있다. 낭만적이고 동심을 잃지 않는 ENFP가 즐기기에는 최적의 장소이다. 만약 ENFP가 애니나 판타지 덕후라면, 자신이 좋아하는 작품의 세계관을 체험할 수 있는 팝업스토어나 축제에 당신과 함께 참여하고 싶을 것이다. 당신도 자신과 같은 상상의 즐거움을 체험하길 바라며, 당신과 즐거움을 나누면 두 배, 세 배가 된다고 여기기 때문이다.

ENFP가 평소 같지 않게 얼굴에 미소가 없고 기운도 없다면, 다른 세계로 떠나길 바란다. 다시 현실 세계로 돌아왔을 때, 어느 때보다 활기찬 ENFP를 되찾을 수 있을 것이다.

연령대별 ENFP 특성과 연애 공략법

20대 ENFP

매력을 흘리고 다니는 ENFP. 당신이 ENFP의 학과 동기라면, ENFP가 인싸 중의 인싸라는 걸 잘 알고 있을 것이다. 누구하고도 말이 잘 통하니, 당신 말고도 ENFP의 매력에 빠진 사람이 많다. 만약 ENFP를 애인으로 만들고 싶다면, 단계적인 계획을 세우기보다 마음을 표현하는 것이 우선이다.

30대 ENFP

직장 내에서 연령, 직급에 상관없이 많은 사람에게 주목받고 있다. 일에서도 열정을 다하지만, 회사 워크숍이나 야유회 등의 친목 행사가 있다면 마이크를 잡고 행사를 진행할 정도로 예능에 진심이다. 회사 내에서 다른 팀과 협력해야 하는 일이 있다면, ENFP가 팀과 팀 사이의 가교 역할을 충분히 잘 해낼 것이다. 하지만 자기 마음대로 안 풀린다고 생각하면 과하게 당황하고, 프로젝트 시작 전에 호언장담한 만큼 실제로는 마무리가 안 될 수도 있다. 이럴 땐 ENFP를 다독이며 일을 진행하는 것이 좋다. ENFP의 기운을 북돋아 주는 말을 많이 하라.

40대 ENFP

취미 부자로, 사람들이 여가 시간에 하는 것 중 ENFP가 안 해본 게 없을 정도다. 질리면 바로 다른 취미로 바꾸기 때문에 더욱 그렇다. 지금 ENFP의 흥미가 어디에 가 있는지 지켜보고, 그 취미에 관해 이야기해보자. 아니면, 최근 떠오르는 새로운 취미에 대해 당신이 ENFP에게 알려주면서 함께 하자고 하면 ENFP의 호기심이 발동되어 좋아할 것이다.

ENFP를 사랑하는 당신을 위한 조언

- ENFP의 하이퍼 텐션이 사랑스럽다면, ENFP와 당신의 인연은 아주 굳건하게 오래 이어질 수 있을 거예요. ENFP는 당신이 자신을 사랑스럽게 본다는 것을 느끼고, 당신에게 사랑받기 위해 노력하고, 자신의 사랑을 표현할 거예요.

- ENFP에게는 여러 번 칭찬해도 모자라지 않아요. 그러나 레퍼토리는 조금씩 바꾸는 게 필요해요. ENFP의 단점에 대해서 이야기할 때에는 최소 세 번은 참고 조심스럽게 말하는 게 좋아요. 상처를 잘 받거든요.

- ENFP는 당신과 연애하는 과정에서 일관된 모습을 보이기보다는 업&다운이 있을 수 있어요. 서로 계속 변화하는 모습으로 긍정적인 자극이 되어주는 것이 필요해요.

자신의 사랑까지
연구 대상으로 삼는 인류학자
INTP

"넌 사랑이 뭐라고 생각하니?"

#자_밤새천천히얘기해보자 #심장이컴퓨터칩
#엉뚱한발명가 #우주의비밀을알고싶어

파티는 INTP에게 어울리지 않는다. 아니, INTP가 파티를 좋아하지 않는다. 사람에 대한 지적 탐구 의지가 있지만, 사람들과 어울리는 건 좋아하지 않는다. 어쩔 수 없이 파티에 참석한다 해도 한 걸음 정도가 아니라, 스무 걸음 정도 뒤로 물러나 자기 몸을 숨기고 사람들을 관찰하는 거라면 모를까, INTP는 사람들이 모여 "잘 지내?", "어, 난 잘 지내지"와 같은 일상적인 이야기를 주로 나누는 모임에 참석해야 하는 이유를 잘 모른다. INTP는 유령처럼 도서관에 출몰하는데, 정해진 시간도 없고 규칙도 없어 언제 도서관에 나타날지 예측할 수 없다. 그래서 INTP를 우연히 만나려면 도서관에 잠복해야 겨우 만날 수 있다. 약속하고 만난다 하더라도 INTP는 당신을 만나는 것에 대해 한참 고민한 후에 결정할 것이다.

INTP, 호기심 많고 눈치 빠른 지적탐구자

INTP의 관심 분야는 다양하면서 동시에 범위가 한정되어 있다. 이게 무슨 뜻이냐 하면, INTP는 지적 호기심을 갖는 분야에 현실적 한계를 고려하지 않고 어떤 경계가 없이 관심을 갖지만, 현실적으로 아무리 유용하다 해도 자신이 호기심을 느끼지 않은 분야에 대해서는 별 관심을 기울이지 않는다는 것이다. 관심 분야에 대해서는 역사적 맥락부터 시작해서 끊임없이 최신 정보를 업데이트해서 전문가 이상의 지식을 지니고 있을 수 있다. 예를 들어, INTP는 기계공학과 학생이라 하더라도 종이접기에 꽂혀 종이접기 세계 챔피언이 될 수도 있다. 그러나 대체로 성공에 대한 욕심, 성과에 대한 압박을 잘 받지 않는 INTP는 그저 자신이 알고 싶어 하는 것을 직업으로 삼을 가능성이 높다.

INTP는 지적인 호기심을 갖는 만큼 그 호기심으로 어떤 성과를 이루는 데에는 별로 관심이 없다. 자신의 호기심이 해결되면 그만이지, 그렇게 얻게 된 지식을 활용하여 현실에 적용해서 돈을 버는 데에는 흥미를 느끼지 못한다. 만약 INTP 옆에 사업 수완이 뛰어나고 INTP의 지적 동력을 자극할 수 있는 사람이 있다면 새로운 산업을 일으키는 등 엄청난 성과로 이뤄질 수 있다. INTP가 주변 사람들의 감정이나 욕구에 대해 파악하면서도 세세하게 관심을 기울이지 않기 때문에 INTP의 아이디어를 뺏긴다거나 사기를 당할 가능성이 있으니, 조심해야 한다.

학교에서나 직장 내에서 사람들 사이에 있는, 표면적으로 드러나지 않으나 분명 존재하는 민감한 기류나 알력 싸움을 누구보다 INTP가 잘 포착하기도 한다. 그러나 잘 포착할 뿐 대처하는 데에는 젬병이다. 그것보다는 자신의 내면세계, 자신의 관심 주제에 온 에너지를 쏟기 때문이다. 그래서 자신의 책상 앞에 앉아 사무실의 분위기를 누구보다 잘 포착하면서도 가만히 자기 일에 집중하다 문득 고개를 들어 주변을 살펴보면, 사무실에 INTP 혼자 앉아 있는 상황이 자주 있다.

출생순위로 살펴보는 INTP

첫째 INTP

가족 안에서 부모와 동생들을 잇는 중심 역할에 관심이 없고, 잘하지도 못한다. 동생들을 이끄는 리더의 역할을 하기보다는 아무 욕심 없이 그 자리에 그대로 있는 존재가 되고 싶어 한다. 동생들이 자신에 대해 부정적 감정을 갖는다 해도 신경 쓰지 않을 가능성이 높고, 집 안에서의 경쟁 구도뿐 아니라 학교나 사회에서 형성되는 경쟁 구도에도 참여하지 않는다. 그런데도 아무도 관심 갖지 않는 분야에 혼자 홀릭해서 엄청난 성과를 이루어 주변을 놀라게 하기도 한다.

중간 INTP

첫째와 막내 사이에서 평온하게 자기 자리를 잘 지킨다. 그러나 첫째가 자신이 먼저 태어났다는 이유만으로 자신의 의견을 묵살한다거나 자신에게 함부로 대하면, 그런 순간에는 참지 않고 논리적으로 따지고 들 것이다. 딱히 자신이 가족을 지켜야겠다고 생각하진 않지만, 가족이 자신을 존중한다고 느끼면 가족으로 만난 인연을 소중히 여길 것이다.

막내 INTP

부모가 상대적으로 막내에겐 관대하기 때문에 막내 INTP는 자유롭게 자신의 관심 분야를 선택하고 몰입할 충분한 시간을 갖는다. 몰입이 지나쳐 밥을 잘 안 챙겨 먹거나 제때 잠에 들지 않아서 부모나 다른 형제들이 INTP의 주의를 환기시켜야 하는 때가 왕왕 있다. 가족이 막내 INTP에게 자신들의 뜻을 따르길 바라면 막내 INTP는 자신의 독립성을 강하게 주장할 것이다. 문제가 생기면, 가족에게 기대기보다는 자신만의 고유한 방식으로 문제를 해결하려고 한다.

외동 INTP

어릴 때는 천재 아니면, 발달에 지연이 있는 거 아닌가 하는 평가를 받을 수 있다. 자신의 관심 분야만 파기 때문에 현실적인 감각이 떨어져 빨래나 청소, 샤워 등 보통 사람들은 아주 당연하게 일상에서 해야 하는 일의 필요성을 강조해야 한다. 지적으로 뛰어나 부모와는 대화가 잘 되지만, 내향적인 성격으로 인해 동갑내기들과 소통이 잘 안될 수 있어, 고립될 가능성이 높다. 그렇기 때문에 부모가 외동 INTP에게 사회적 소통의 기술을 익힐 수 있도록 도와주는 것이 좋다.

———

INTP에게 연애는
당신과 연결되어 있어서 특별한 의미를 갖는 것

INTP는 독립적이고 독창적이며, 이는 당신과의 연애에도 적용된다. INTP는 인간에 대해 분석적인 태도를 갖고 있지만, 동시에 당신과 연인이 된 것에 대해 굉장한 의미 부여를 할 가능성이 높다. 왜냐하면 INTP는 인생에서 인간은 태어날 때부터 죽을 때까지 혼자라고 생각하며 평소에도 매우 독립적인 생활 패턴을 유지하겠지만, 그러함에도 그 인생 가운데서 연인을 만나는 것이 얼마나 가능성이 낮은 퍼센티지인지 잘 알기 때문에 INTP는 당신과의 인연을 소중하게 생각할 것이다.

이해력이 뛰어난 INTP는 사랑하는 사람에 대한 깊은 이해를 바탕으로 고민을 함께 나눈다. 하지만 이들의 깊이 있는 이해력은 때때로 평범하게 연인이 나누는 대화에서 발동될 수 있다. 만약 "사랑이 뭐라고 생각해?"라는 INTP의 물음에 대해 당신이 아무런 고민 없이 "그냥 사랑하는 거지!"라고 답하면, INTP는 아마 밤새도록 당신과 함께 사랑에 대한 철학적인 대화를 나누고 싶어 할 것이다. INTP는 이러한 주제에 대해 깊이 있는 생각을 하고 있기 때문에, 감정의 본질과 사랑의 의미, 그리고 인간관계에서의 논리성 등에 대해 당신과 밤을 새워 논의하는 것을 즐긴다. INTP의 이런 특성은 때때로 불필요하게 분석적으로 보이겠지만, 사랑하는 사람에 대해 더 깊이 알고 이해하려는 진정한 노력의 표현이라 할 수 있다. INTP가 당신에게 자신의 분석을 늘어놓으며 다가온다면, 그건 당신에 대한 INTP의 진심으로 가득 찬 관심과 사랑의 표현임을 기억하고 따뜻한 시선으로 바라보는 것이 좋다.

INTP 연인이 당신에게 자신의 속내를 잘 얘기하지 않는 것 같아 서운할 수도 있다. INTP는 기본적으로 자신에게 일어난 일은 스스로 알아서 해결해야 한다고 생각하기 때문에 쓸데없이 당신에게 부담을 주는 것 같아, 자신의 이야기를 하지 않을 것이다. 일희일비하는 편도 아니어서 회사에서 승진했는데도 말하지 않아, 1년 뒤나 훨씬 뒤 우연한 기회에 당신이 알게 될 수도 있다.

당신이 INTP에게 반했다면 아마도 INTP의 지적인 탐구, 독립적인 태도에 반했을 것이다. INTP는 돈과 명예와 같은 세상의 가치에 별 관심을 기울이지 않고, 그런 것들은 자신에게 아주 잠시 머물다 갈 뿐으로 여기고 특별히 의미 부여하지 않는다. 소탈한 INTP의 모습에 당신은 세상의 때가 묻지 않은 어린 왕자를 만난 것 같을 것이다. 그런 따뜻한 시선으로 INTP를 바라본다면, INTP의 강점은 더욱 빛이 날 것이다.

INTP가 독립적인 만큼 당신에게 자신이 어떤 도움이 될지 먼저 생각하기가 어려울 수 있다. 당신이 서운함을 느낄 때는, INTP 연인에게 당신의 서운한 마음을 표현하면서 무엇이 필요한지 이야기하는 게 필요하다. INTP는 당신에게 무관심해서 그랬던 게 아니라 익숙하지 않아서 그런 것이니, 서로의 스타일에 익숙해질 때까지 시행착오가 필요할 뿐이다.

INTP와의 데이트는 '별들에게 물어봐'

INTP는 당신과의 데이트에서 INTP가 평소에 가보지 못했던 새로운 장소를 방문하거나, 아니면 복잡한 문제를 해결하는 재미가 있는 장소에 가는 것을 좋아할 것이다. 예를 들어, 이들은 평소에 가본 적이 거의 없는 탁구장이나 볼링장에 가는 것에 어린아이처럼 신기해하고, 보드게임이나 컴퓨터 게임을 즐길 수 있는 곳에서는 INTP 특유의 분석적인 면모를 드러 낼 것이다. 우주에 관심이 많은 INTP라면 별을 볼 수 있는 곳으로 여행을 떠나, 어둠 속에서 별을 바라보며 당신과 함께 있는 것을 행복하게 여길 것이다. 여기에 더해 '우리는 어디서 왔고 어디로 가나'와 같은 철학적인 주제에 대해 대화하는 것을 선호할 수 있다.

박물관이나 과학관과 같은 지적 욕구를 충족할 수 있는 곳에 가는 것을 뜻깊게 여길 것이다. 함께 강의를 들으러 가는 것도 마찬가지다. 함께 새로운 지식을 배우고 익히는 과정에서 당신과 자유롭게 대화할 수 있다면 INTP는 당신을 매우 특별한 사람, 자신에게 찾아온 행운으로 여길 것이다.

INTP는 자유를 중시하고, 이는 재정적인 이슈에 대한 자유에도 포함된다. 그러나 돈에서 자유롭고 싶으면서도 돈을 어떻게 모으고 불려야 하는지에 대해선 관심이 없다. 때문에 당신이 재정적인 이슈에 민감하다면, INTP를 특별히 신경 쓰는 것이 좋다. INTP는 자신의 관심 분야에 대해서만 돈을 쓸 뿐 다른 데에는 관심이 없기 때문에, 만약 INTP의 재정 관리에 줄줄 새는 부분이 있다면 당신의 케어가 필요하다. INTP와 오랫동안 행복하게 만나기 위해서는 꼭 필요한 케어다.

연령대별 INTP 특성과 연애 공략법

20대 INTP

당신이 대학교에서 INTP를 만났다면, 구석에서 홀로 자신만의 세계에 빠져있는 INTP를 발견하기는 어려웠을 것이다. 그러나 예기치 않은 순간에 구석에 말없이 있던 INTP가 존재감을 드러내기도 한다. INTP는 자신이 말하고 싶은 그 순간에 해박한 지식을 청산유수처럼 언어로 표현할 것이다. 당신이 INTP와 사귀기까지는 순탄치 않다 하더라도 만약 사귀게 된다면, INTP는 당신만 바라보는 순정 연인이 될 것이다.

30대 INTP

30대 INTP는 직장 내에서 동료들과 점심을 먹을 때나 회식 자리에서 만났을 때도 복잡한 문제나 아이디어에 대한 깊이 있는 대화를 즐긴다. INTP와 원활하게 대화할 수 있다면, 이미 당신은 어린 왕자가 여우를 길들이듯 INTP를 길들이고 있는 것이다. 사회화된 INTP라 하더라도 사랑과 같이 소수의 사람에게만 보이는 감정 표현에는 서툴 수 있으니, 서툰 모습조차도 사랑할 수 있다면 당신은 최고의 연인이다.

40대 INTP

40대 이후에는 몸에 밴 습관을 고치기가 매우 어렵다. 사회화된 INTP라면 당신에게도 적당히 관심을 기울이며 대화하겠지만, 만약 사회화가 덜 된 INTP라면 자신의 관심 분야에 대해 쏟아내기 바쁠 것이다. 그것이 당신에 대한 애정 표현일 수도 있으니, INTP를 이해하려는 노력을 멈추지 않길 바란다.

INTP를 사랑하는 당신을 위한 조언

- INTP는 사랑에 대해서도 당신과 깊은 대화를 하고 싶을 거예요. 그런데 그 깊은 대화가 당신을 향한 사랑에 대한 것이 아니라, '사랑' 자체, 사랑의 속성에 대한 것일지도 몰라요. "이게 나랑 무슨 상관이야?"라고 말하고 싶어도 INTP만의 독특한 특성이니, 함께 즐겁게 이야기해 봐요.

- 자기 생각에 대해서는 이야기하지만, 현실적인 삶에 대해서는 이야기하지 않는 INTP. 당신이 INTP의 일상에 대해 궁금하면, 직접적으로 물어보는 것이 좋아요. INTP는 사실 머릿속이 생각으로 가득 차서 당신이 직설적으로 물어보지 않으면 다르게 이해하고 엉뚱한 답변을 할지도 몰라요.

- 감정 표현에 서투른 INTP, 감정 표현에 크게 가치를 부여하지 않습니다. 때로는 당신의 감정 표현에도 아무런 반응이 없을 수 있어요. 그건 당신의 안녕에 관심이 없는 게 아니라, 어떻게 반응해야 할지 몰라서 그런 거니 너무 서운해 하지 말아요.

우주에 마지막 남은 로맨티스트
INFP

"고달픈 내 인생에 너라는 빛이 찾아와 줬구나!"

#꿈꾸는시인 #워너비마법사 #세상의치유사
#세상의온기를전하는철학자

INFP는 창의적인 이야기와 깊은 대화를 나누는 소수의 친구와 함께 있는 것을 좋아한다. 많은 사람과 두루두루 만나는 것에는 별로 흥미를 느끼지 못하는데, INFP는 '깊은 연결감'을 가치 있게 생각하기 때문이다. 어쩔 수 없이 많은 사람들과 함께 해야 하는 과 MT나 직장 워크숍에서도 조용히 사람들의 이야기에 귀를 기울이고, 사람들 앞에 나서는 것에는 어려움을 겪을 수 있다. 그러나 INFP의 뜻과 원칙에 부합하는 행사라면, 자신의 단전에서부터 에너지를 끌어올려 적극적으로 참여할 것이다. 주로 그런 행사는 북극곰을 보호하고, 아픈 사람을 돌보는 활동 등 세상을 널리 이롭게 하는 '홍익인간' 개념을 실현하는 것이다.

───────

INFP, 다정하지만 예민한 꿈꾸는 시인

INFP는 사람을 돕는 것을 의미 있게 여기는데, 이는 자신과 가까운 사람들에게도 적용된다. 만약 INFP에게 고민을 털어놓으면, INFP는 진지하게 이야기를 들으며 비록 자기 생각과 다르더라도 충분히 이해하고 공감하려고 노력할 것이다. INFP는 누군가와 가까워지면 관계를 깊고 오래 지속하는 경향이 강하다. 진정성 있는 INFP의 태도에 INFP와 가깝게 지내는 사람들은 INFP가 자신을 소중하게 대한다고 느낀다.

INFP의 따뜻하고 진실한 태도에도 불구하고 INFP가 사람들과 갈등을 빚을 때가 있는데, 바로 INFP의 감정적 민감성 때문이다. 친구들 사이에서 흔히 발생할 수 있는 '장난'에 생각보다 INFP가 격렬하게 반응할 수 있다. INFP는 자신이 그런 것처럼 다른 사람들도 자신의 감정을 공유하고 이해해 주길 기대하는데, INFP의 감정 표현이나 행동을 놀리는 것을 '조롱'으로 여기고 깊은 상처를 받기도 한다. 이런 상황에서 대체로 INFP는 자신에게 상처를 줬다고 한 사람과 거리를 두려고 한다. T성향이 강한 사람이 보기엔 INFP는 자주 삐치는 것 같아 '피곤한 사람'으로 평가하기도 하는데, INFP의 감정적 민감성은 강점이자 단점이다. 그래서 INFP를 좋게 평가하는 사람조차 INFP를 '다정하지만 예민한 사람'이라고 여기며, 자주 달랠 필요가 있는 것을 알 것이다.

그러나 점차 경험을 통해 지혜가 쌓인 INFP라면, 이러한 갈등 경험을 통해 다른 사람들이 항상 자신의 감정을 완벽하게 이해하거나 공감해 주지 못할 수도 있음을 깨닫고, 자신의 감정을 있는 그대로 받아들이는 동시에 관리하는 능력을 향상시킬 것이다. INFP에게 갈등 경험은 감정적 민감성을 감정적 지혜로 바꾸는 데 도움이 되며, 그전보다 더 다른 사람들의 견해와 감정에 대한 더 넓은 시각을 갖게 할 수 있다.

INFP는 독창성이 강해, 어떤 결과물을 낼 때도 다른 사람들이 생각지도 못했던 놀라운 성과를 이뤄내기도 한다. 그러나 INFP의 결과물은 다소 기복이 있으며, 마감 기한을 넘길 때도 있다. INFP의 이런 특성은 사람들이 협력해서 일을 할 때 의도치 않게 INFP가 빌런이 되게 한다. 그러나 조금만 기다리면 INFP가 놀라운 결과물을 들고 올 것이니, 기대하라.

출생순위로 살펴보는 INFP

첫째 INFP

부모의 기대를 충족시키고 싶어 하고 가족을 깊이 이해하려고 노력한다. 때문에 스스로에 대한 INFP의 노력으로 가족 내에서 종종 감정적 부담과 책임감을 느낄 때가 있다. 동생들의 앞길을 위해 자신이 무언가를 해야 한다면, 마땅히 그 일을 할 것이다. 그러나 자신의 이런 노력을 알아주지 않는다고 느끼면,

깊은 상실감을 경험하고 가족에게 원망을 토로할 수 있다.

중간 INFP

첫째보다는 비교적 자유로운 분위기에서 성장하는 편으로, 이런 환경에서 INFP만의 상상력과 창의력이 더욱 잘 드러날 수 있다. 감정적 연결을 중요하게 생각하기 때문에 부모가 다른 형제에 비해 자신을 신경 쓰지 않는다고 여겨지면, 남몰래 상처받을 것이다. 중간 INFP가 위축된 것 같아 보이면, 가족 중 누구든 먼저 중간 INFP에게 다가가 안부를 묻는 것이 좋다.

막내 INFP

막내에게 허용적인 가족 분위기라면, 막내 INFP가 가족 구성원들 사이에서 자주 중심 역할을 하게 되며, 이로 인해 INFP에게 자칫 부족할 수 있는 사회성과 친화력이 강화될 것이다. 가족 구성원 중 가장 어리지만, 가족에 관련된 일에 진지한 태도를 보이고 가족들을 이해하려고 노력할 것이다.

외동 INFP

형제의 방해가 없는 외동 INFP는 집에 있을 때 자신의 감정과 생각을 내면적으로 파악하는 데에 더욱 집중할 수 있다. 이 과정은 스스로를 깊이 이해하고, 그에 따라 자신만의 가치관을 구축하는 데에 도움이 된다. 그러나 자신만의 내면세계에 집중하는 것이 지나쳐, 현실적인 문제를 해결하는 데에 어려움을 느낄 수 있으니, 부모가 INFP를 생각에서 현실로 나올 수 있게 도와주는 것이 필요하다.

INFP에게 연애는
마치 좋은 책을 읽듯 당신과 연결되는 것

INFP가 당신을 사랑한다면, 진실성 있는 태도로 당신과의 연애를 진지하게 생각하고 있다고 얘기할 것이다. INFP의 진지함은 말뿐만 아니라 행동으로도 드러나, 당신은 INFP 연인을 신뢰할 수 있다. 이런 특성 때문에 INFP와 당신은 장기적 연애를 할 가능성이 높다.

  INFP 연인은 당신에게 꾸준하게 애정을 표현한다고 하지만, 만약 당신이 화려한 표현 방식을 좋아한다면 실망할지도 모른다. INFP는 충실한 연인으로 당신에게 다정하지만, 그런 자신의 마음을 제삼자에게나 외부에 증명할 필요는 느끼지 못하기 때문이다. INFP는 자신의 감정을 순발력 있게 꺼내는 데 어려움을 느끼며, 적절한 언어를 고르는 숙고의 과정을 거쳐 마침내 큰 결심을 하고 당신에게 자신의 마음을 섬세하게 표현할 것이다. 자주 있는 일은 아니지만, 당신에게 깊은 감동을 안겨다 줄 게 분명하다.

당신이 INFP에게 반했다면, 아마도 INFP가 타인의 관점을 이해하려고 노력하고 사람에 대해 속단하지 않는 점 때문일 것이다. 바로 그런 점 때문에 당신이 INFP와 대화를 할 때도 마음이 편하다. INFP는 친구들 사이에서 종종 상담자 역할을 하는데, 당신이 INFP와 서로의 감정과 가치를 존중하며 이야기를 나눈다면, 그 어떤 상담보다도 훌륭한 상담 효과를 얻을 수 있다.

INFP 연인이 다른 사람에게는 털어놓지 않는 깊은 속내를 당신에게는 털어놓을지도 모른다. 때로는 자신의 예민한 모습까지도 드러내는데, 당신이 이를 비판하지 않고 이해하고 넘어간다면 INFP는 예민함을 거두고 다시 다정해질 것이다. 서로가 이해받고 이해하는 경험이 쌓인다면, 당신과 INFP 연인과의 연대는 더욱 강해져 다른 사람이 함부로 깨뜨릴 수 없게 된다.

INFP는 당신을 특별하게 여기면서도 혼자만의 시간을 필요로 한다. 예술 관련 직업을 갖고 있지 않더라도 미술이나 음악 등의 예술을 향유하는 취미를 가지고 있다. INFP에게 예술은 세상과 자신을 이어주는 특별한 매개체이기 때문에 혼자서 작품을 향유하거나 창작하는 시간을 가질 때, 자신이 살아있음을 느낀다. 당신이 INFP가 가끔 혼자 있을 수 있게 배려한다면, INFP는 당신을 헌신적으로 대할 것이며, 예술작품을 통해 당신에 대한 사랑을 매력적으로 표현할 것이다.

———

INFP와의 데이트는 표현과 공유를 할 수 있는 곳으로

INFP는 당신과 깊은 대화를 나누는 것을 의미 있는 경험으로 여기기 때문에 조용한 카페에 가서 서로 이야기 나누는 것을 좋아한다. 한강 공원이나 서울 근교에 있는 공원에 가는 것 또한 좋아하는데, 어떤 스포츠 활동을 즐기는 것보다도 서로 나란히 발걸음을 맞추며 이야기하는 것을 좋아한다. 나무 사이와 강 옆, 풀을 밟으며 걷는 등 자연을 느끼는 것을 편안하게 받아들이며, 아름다운 자연경관을 즐기는 것을 특별하게 받아들인다. 당신이 스포츠 활동을 좋아한다면 INFP도 함께 하려고 노력하겠지만, 당신만큼 오래 즐기지 못할 수 있음을 이해하라.

INFP가 좋아하는 곳은 예술작품을 향유할 수 있는 미술관이나 박물관이다. 꼭 유명한 화가의 전시가 아니더라도 INFP는 예술 작품을 보는 것 자체를 즐기고, 창작자들을 존중한다. 당신과 작품에 대해 이야기하고 싶어 하고, 하나의 작품을 서로 다르게 경험했다고 이야기하더라도 오히려 감상의 지평이 넓어졌다며 긍정적으로 여길 것이다. INFP에게 예술은 안전하게 서로의 이야기를 할 수 있는 계기가 되며, 보이지 않게 당신과 깊이 연결되어 있음을 느끼게 한다.

당신과 함께라면 뛰어놀 수 있는 신나는 분위기의 콘서트에 가는 것도 좋아하지만, 보다 정적인 공간을 편하게 느낄 것이다. 언어적으로 아름다운 가사와 음률이 있는 노래를 음미할 수 있거나 기타 하나와 피아노 한 대만으로 이루어졌더라도 깊은 감동을 줄 수 있는 콘서트를 더 선호한다. 소규모 극장에서 이뤄진 콘서트의 마지막 노래가 끝난 후 극장에 있는 모두가 일어나 박수를 칠 때, INFP 혼자 주체할 수 없이 흘러내리는 눈물을 손수건으로 닦고 있을 수도 있다.

연령대별 INFP 특성과 연애 공략법

20대 INFP

사람들이 청춘이라 부르는 20대, 이 시기에 INFP는 자기 자신과 세상을 더 잘 이해하기 위해 끊임없이 탐색하는 경향이 있다. 말이 없고 얌전하게만 보였던 INFP가 어느 날 인도나 네팔에서 당신에게 연락해 올지도 모른다. 그들은 대학교나 첫 직장에서 자신의 가치관과 일치하는 경로를 찾는 데 집중한다. 이러한 탐색의 과정은 애매모호하고 혼란스럽기만 할 수 있지만, 이 과정에서 INFP는 자신만의 독특한 세계관을 구축하게 된다. 그러니, INFP가 오래 고민하며 흔들리고 있더라도 당신만은 INFP에게 안전지대가 되어주는 것이 좋다.

30대 INFP

30대에 접어들면, INFP는 자신의 가치와 이상을 일상과 자신의 업무 경력에 더욱 통합하기 시작한다. 더 나은 세상을 만들기 위해 개인적인 열정을 일에 녹여내려 할 것이다. 그게 불가능한 업무라면, INFP는 이 시기에 큰 결단을 내릴 것이다. 퇴사하고 다른 직장으로 옮길 것인지, 아니면 일을 자신과 분리하고 자신의 여가 시간을 활용하여 가치를 실현하는 것으로 말이다. 또한, 이 시기의 INFP는 친구, 가족, 그리고 사랑하는 사람들과의 관계를 깊이 있게 유지하려 노력한다. 당신이 INFP의 이상적 가치 실현과 소수의 깊이 있는 관계 유지를 긍정적으로 여긴다면, 이를 적극적으로 표현하고 INFP를 독려하는 것이 좋다. INFP는 분명 당신에게 큰 감동을 할 것이다.

40대 INFP

이 시기에는 자신이 실현하고 싶은 가치와 이상이 무엇이며, 이를 어떻게 실현할 것인지에 대한 명확한 이해를 가지고 있을 가능성이 높다. 그들의 인생 경험을 바탕으로 자신만의 세계를 더욱 풍요롭게 만들어 나가며, 이를 통해 타인에게 영감을 주는 역할을 하게 된다. 자신의 생각과 감정을 더욱 효과적으로 표현하는 방법을 익혀, 다른 사람들에게 효과적으로 전달할 것이다. 당신이 INFP의 깊은 통찰력과 창조성을 인정하며, 세상을 더 나은 곳으로 만들어 가는 데에 동참한다면, INFP는 당신을 자신의 동반자, 반려자로 여길 것이다.

INFP를 사랑하는 당신을 위한 조언

- 소수의 가까운 사람에게 헌신적인 INFP, 당신이 그 소수에 포함되었다면 축하한다. 당신이 INFP와 헤어지기 전까지 INFP는 당신의 안녕을 기원하고 당신을 소중히 할 것이다.

- 세상에 이렇게 섬세하고 마음이 따뜻한 사람이 있을까 싶다가도 "왜 이렇게 까탈스러워!" 하며 열받을 수 있다. INFP의 특성이 그러니, 당신이 참고 넘어가 주는 게 좋다. 조금 시간이 지나면, INFP가 먼저 미안하다고 당신에게 말을 걸 가능성이 높다.

- INFP에게 중요한 것은 돈이나 성공이 아니라, 더 나은 세상을 만드는 데에 기여하는 것이다. 다소 이상적으로만 들리는 INFP의 포부를 응원해 주며, INFP가 자신의 이상에 압도되어 쓰러지지 않도록 구체적인 실행 방안을 짜고 행동할 수 있도록 돕는 것이 필요하다.

MBTI는 과학인가, 아닌가?
그것이 알고 싶은 인터뷰

사회자: MBTI의 높은 화제성으로 'MBTI는 과학이다', '아니다, MBTI는 유사 과학이다'라는 의견이 서로 오랫동안 팽팽하게 대립이 되어가는 와중에 MBTI 본인을 모시고 얘기를 나눠 보겠습니다. 안녕하세요, MBTI 님. 당신은 과학인가요?

MBTI: 훅 들어오시네요. 아뇨, 저는 제가 과학이라는 주장을 해본 적이 없습니다. 아마 그 표현은 '심리학은 과학적 방법론을 사용하는 학문이다 → 심리학은 과학이다 → MBTI는 심리학에서 나온 성격검사 아닌가? → 그럼, MBTI도 과학이다' 이렇게 와전이 된 것 같아요. 그래서 저에게 유사과학이라고 하는 것도 억울합니다. 전 과학이 되고 싶다고 말한 적도 없기 때문이죠.

오, 이런. MBTI 님이 억울함을 호소하고 있네요. 그럼, MBTI 님은 스스로 어떤 검사라고 생각하십니까?

 여러분도 잘 아시겠지만 저는, 칼 구스타프 융Carl Gustav Jung이라는 독일의 정신과 의사이자 정신분석학자의 성격 이론에서 시작해서 이사벨 브릭스 마이어스와 캐서린 쿡 브릭스 모녀가 개발한 검사입니다. 제가 개발된 배경에는 "사람은 참 달라. 최소 16가지 유형 정도는 있지"라는 아이디어에서 출발한 배경이 있습니다.

제가 성격 검사로서 심리학 영역에 들어가냐, 마냐로 논쟁이 이어지는 것 같은데, 이 논쟁은 더 이상 필요치 않다고 생각합니다. 왜냐하면, 사람들이 저를 통하지 않고도 이미 성격의 다양성을 인정하고 있기 때문입니다. 다만, 아무리 자신을 잘 알고 있는 사람도 살다 보면, '내가 누구인가?' 헷갈릴 때가 있잖아요. 그럴 때 저를 활용해 보는 것을 추천합니다. 제가 낸 문항에 답을 해가면서, 그리고 결과를 받아들었을 때 당신이 조금 더 선명하게 보일 거예요. 제가 당신을 설명하기엔 모자란 것은 사실입니다. 당신은 제가 측량할 수 없는 더 복잡하고 큰 존재이니까요!

MBTI 님이 열변을 토하시네요! 아주 흥미로운 시간입니다. 그럼, 한 가지 더 질문을 드리겠습니다. 성격 검사에 종류가 많지 않습니까? TCI 검사도 있고, 빅5 검사도 있죠. 이 두 검사는 성격 검사로서 심리학 내에서 많이 활용되고 있죠. 이 두 검사와 MBTI 님의 차이가 뭐라고 생각하시나요?

 먼저, 우리 셋은 성격 검사이지만 서로 다른 부분을 측정하고 있어요. 특히 TCI 검사는 Temperament(기질)와 Character(성격)를 측정하고, 저는 Personality(성격)를 측정하는 것으로, 개념적으로도 다른 부분을 측정하고 있죠. 우리 셋의 공통점은 자기보고식 검사라는 점입니다. 검사에 참여한 사람이 스스로 자신에 대해 보고한다는 거죠. 성격 검사는 대체로 자기보고식이에요. 왜냐하면, 이 검사들의 1차적 목표가 '나'를 알고자 하는 것으로, 자신에 대한 이해를 높이기 위해 하는 검사거든요. 진단을 하기 위한 검사가 아니기 때문에 거짓으로 답을 하면, 자기만 손해죠. 만약 정확한 진단을 위한 검사였다면, 자기보고식 검사라 할지라도 MMPI-2 검사처럼 긍정 왜곡, 부정 왜곡 등 종류별로 다양하게 거짓 반응을 알아내려 구성했을 거예요.

반면, 진단 검사라 할지라도 자신의 고통을 측정하기 위한 우울 장애, 불안 장애에 대한 검사 또한 자기보고식 검사예요. 이 검사는 사실 검사 참여자의 호소 문제와 고통의 정도를 알아보기 위한 것으로, 정확한 진단을 위해서는 다른 검사와 함께 시행하죠.

그럼, 자기보고식 검사가 아닌 것이 뭐가 있을까요? 대표적으로 웩슬러 지능 검사가 있어요. 웩슬러 지능 검사는 훈련된 임상심리사가 주로 시행하며, 검사지로만 진행되지 않고 나무 조각을 맞춰본다거나 임상심리사의 질문에 대답한다거나 수학 문제와 같은 것을 푸는 등 다양한 검사 방식을 취하고 있어요. 웩슬러 지능 검사로 지능뿐 아니라, 여러 정신 · 심리적 문제를 진단할 수 있죠. 하지만 이 경우에도 웩슬러 지능 검사만 단독 시행한 결과로만 진단 내리지 않고, 관련 검사를 함께 시행해서 종합적으로 결론을 내려요. 웩슬러 지능 검사는 아마 못해보신 분들이 많을 거예요. 가격이 만만치 않기도 하고, 전문가를 만나 그 검사의 필요성이 있는 분들도 일반인 중에는 그렇게 많지 않거든요.

아, 말이 너무 길어졌네요. 제가 하고 싶은 말은, 저는 여러분이 검사했을 당시 4가지 측정 기준에 대한 선호도를 알려드린다는 것입니다. 융은 인간의 정신이 '외향성-내향성'과 같이 대립원리에 작동한다고 보았고, 저는 이 대립원리에서 여러분이 외향성을 선호하는지, 내향성을 선호하는지 알려주는 거랍니다. 그러나 여러분은 나이에 따라 상황에 따라 변화하고, 그에 따라 저를 통한 검사 결과가 달라질 수밖에 없죠.

처음이자 마지막으로 MBTI 본인이 등판해서 잘 설명해 주셨네요. 마지막으로 드리고 싶은 질문이 있습니다. MBTI 님이 스스로 선호도를 측정하는 성격 검사라 하셨는데, 이건 측정할 수 있는 '자아'나 '자기'와 같은 무언가가 있다는 전제하에 말씀하셨어요. 그럼, 자아가 있다고 생각하십니까?

아……. 그런 심오한 주제까지는 제가 말할 수 있는 부분도 아니고, 여기서 간단하게 말할 문제도 아닌 것 같습니다만……. (갑자기 사라짐)

MBTI 님이 라이브 인터뷰 도중에 사라지셨습니다! 본 인터뷰는 급하게 여기서 마무리해야 할 것 같네요. 이 말을 마지막으로 하겠습니다. 당신은 당신에 대해 얼마나 잘 알고 있나요?

3장

눈에 보이고
손에 잡히는 사랑을 원해

ESTJ, ESFJ
ISTJ, ISFJ

사랑도 명확하게, 질서를 부여하는
ESTJ

"너와의 사랑을 이렇게 정의하고 싶어."

#못하는게없는김상사 #약속장소엔10분전도착
#가끔워리어 #찔러도안들어감

ESTJ는 실용적이고 현실적인 편으로, 함께 진행하는 프로젝트에서 자료조사에서부터 계획 세우기까지, 모든 과정을 사실에 근거하고 체계적으로 준비한다. 그들은 가능한 한 많은 정보를 모아, 그 정보를 바탕으로 논리적인 결론을 도출하려고 할 것이다. 또한, 질서와 조직을 중요하게 생각하기 때문에 일상에서도 계획에 따라 일을 진행하는 것을 선호한다. 즉, 그들은 일상생활에도 일정을 세우고, 그 일정을 엄격하게 준수하는 것을 중요하게 생각한다. 만약 여행을 계획한다면, ESTJ는 인터넷을 활용해서 유튜브 영상과 블로그 글, 호텔 리뷰 등 많은 정보를 취합해 가장 저렴한 가격에 효율적으로 시간을 보내기 위한 여행지 루트와 숙소를 정할 것이다.

ESTJ, 체계적이고 현실적인 문제 해결사

ESTJ는 '타고난 리더'라 할 수 있을 정도로 리더십이 뛰어나, 학교나 직장에서 과 대표나 동기 대표 등의 직책을 자주 맡고 수행한다. 가족이나 친구들 사이에서도 ESTJ가 나이로 연장자가 아니더라도 자연스럽게 리더가 되며, 이미 뛰어난 리더가 있는 경우에는 리더의 '오른팔'과 같은 가장 강력한 서포터가 된다. 특히 P 성향이 강한 리더라면 ESTJ가 엄청난 역할을 하는데, 아이디어를 현실에 적용하고 체계적인 계획을 세우고 실천하는 데에 도움을 받을 수 있다. ESTJ의 현실화 능력은 매우 뛰어나기 때문이다.

ESTJ는 가족이나 친구들 사이 혹은 직장 내에서 문제 상황이 발생했을 때, 적극적으로 해결하기 위해 누구보다 잘 앞장선다. 문제의 원인을 빠르게 파악해서 가장 괜찮은 해결책을 제안할 것이다. 이로 인해 ESTJ의 주변 사람들은 자신도 모르게 ESTJ에게 기대게 되고, 의견을 묻게 된다. ESTJ의 빠르고 정확한 문제 해결은 ESTJ가 위기 상황을 헤쳐 나갈 때 큰 도움이 되며, 오래 고민하기보다는 몸으로 부딪치면서 해결하는 것을 더 편하게 여긴다.

ESTJ는 의사소통에서도 명확함을 선호한다. 그래서 ESTJ는 대화를 나눌 때 생각이나 의견을 명확하게 표현하고, 이에 대한 피드백을 받을 때도 명확하기를 기대한다. 의견을 개진할 때도 구체적인 사실을 예로 들어 설명한다. ESTJ의 의견을 듣다 보면 듣는 사람은 자신도 모르게 설득이 되고 만다. 반면, ESTJ는 추상적이고 감정적인 이야기에 흥미를 느끼지 못하는데, 이런 ESTJ의 특성은 대학에서 학과를 선택할 때, 직업과 직장을 선택할 때, 심지어 배우자를 선택하는 과정에서도 영향을 미친다.

　전통과 규칙을 중시하는 ESTJ는 그 사회 구조가 개인에게 미치는 영향에 관심이 있기보다는 그 사회의 규칙과 제도를 파악하고 존중하는 태도를 가진다. 학교나 회사에서 그들은 규정을 엄격하게 준수하며, 다른 사람들에게도 그렇게 하도록 권유한다. 그 과정에서 ESTJ는 체제에 순응적이고 고집스러우며, 유연성이 다소 부족해 보인다.

　항상 굳건해 보이는 ESTJ가 감정적인 면에서는 어려움을 겪을 때가 종종 있다. 예를 들어, 친구가 어떤 문제로 슬퍼하는 상황에서 그들은 해결책을 제시하기는 쉽지만, 그 친구의 감정을 완전히 이해하거나 공감하는 데에 어려움을 느끼고 어떻게 위로해야 할지 몰라 당황한다. 그렇기 때문에 ESTJ는 다른 사람의 감정을 이해하고, 그에 대해 공감하는 능력을 향상시키기 위해 꾸준히 노력할 필요가 있다.

출생순위로 살펴보는 ESTJ

첫째 ESTJ

첫째로 태어난 ESTJ는 부모가 만나는 첫 자녀이자 형제 중 연장자로, 자연스럽게 부모의 기대와 책임을 많이 부담하게 된다. 이런 가족 간의 역동은 그들의 체계적이고 책임감 있는 성향을 더욱 강화한다. 첫째 ESTJ는 가정 내에서도 논리적이고 조직적인 측면을 가지고 있으며, 어릴 때부터 성인처럼 책임감 있게 행동하고 때로는 자기 부모나 웬만한 성인보다 더 성숙한 모습을 보인다. 이런 특성 때문에 첫째 ESTJ는 자신의 의견을 분명히 표현하는 것에 익숙하고, 때로는 그 모습이 고집스러워 보이기도 한다.

중간 ESTJ

중간 ESTJ는 첫째에 비해 좀 더 융통성 있는 모습을 갖추게 된다. 첫째와 막내, 부모와 자식 사이에서 중재자 역할을 해야 할 때가 많고, 이 때문에 중간 ESTJ는 사회성과 협동성이 더 발달하게 된다. 중간 ESTJ는 종종 첫째 형제나 자매의 단점을 보완하려고 노력하며, 그 과정에서 좀 더 유연하고 돌발적인 상황에 적응하는 능력을 키울 수 있다.

막내 ESTJ

막내로 태어난 ESTJ는 가족 내에서 가장 나이 어린 구성원으로서, 자신만의 독특한 방식을 찾아나가는 데 능숙하다. 자신이 선택한 길을 확고하게 따르며, 가끔 갈등 상황에서 자신의 의견을 굽히지 않고 고집할 때가 있어, 다른 가족들을 힘들게 하기도 한다. 그러나 대부분의 상황에서 ESTJ는 공평성을 유지하기 위해 애쓰고, 가족 사이에서 균형을 잡으려 할 때가 많다.

외동 ESTJ

외동으로 태어난 ESTJ는 보통 첫째의 특성과 유사하게 나타날 수 있다. 부모님의 자녀에 대한 기대와 책임을 홀로 부담해야 하기 때문에 첫째와 비슷하게 자립심이 강하고, 책임감이 뛰어나며, 목표 지향적인 경향이 있다. 외동 ESTJ는 스스로 자신의 목표를 결정하고 그 목표 달성을 위한 계획을 세우고, 그 계획을 따르는 데 주력한다. 이런 ESTJ의 모습은 자신을 효과적으로 통제하는 것으로 보인다. 그러나 외동 ESTJ는 종종 자신이 해야 할 일에 집중하다가 주변 사람들의 감정을 무시하거

나 간과해, 힘들게 일을 마치고 주변을 둘러보니 아무도 없을
수 있다.

———

ESTJ에게 연애는
정확한 계획과 헌신, 통제 가능해야 하는 것

ESTJ는 연애할 때도 현실적이고 직설적인 성향을 드러낸다.
예를 들어, 당신이 ESTJ와 첫 데이트를 한다고 상상해 보자.
ESTJ는 당신과의 약속 날짜 며칠 전에 이미 데이트를 효율적
으로 할 수 있게 잘 계획해 놓을 것이다. 미리 당신의 취향에
대해 물어보는 과정을 거쳐 여러 정보를 취합하여 최적의 장
소와 식사 메뉴, 데이트 코스를 정한다. 심지어는 장소마다 머
무르는 시간, 이동 시간, 오차범위까지 고려해서 빈틈없이 정
해놓을 것이다. ESTJ가 당신에게 보여주는 신중함과 체계적인
면모는 당신이 고민하고 망설일 틈을 주지 않는다.

그러나 당신이 ESTJ와 오래 만나고 있는 사이이고, ESTJ가
당신의 생각과 취향에 대해 완벽하게 이해하고 있다고 여길
때, 따로 시간을 내어 당신의 의견을 묻는 과정을 생략하기도
해 서운함을 느낄 수 있다. 만약 당신이 서운함을 느낀다면, 당

신의 의견을 ESTJ에게 적극적으로 밝히는 것이 필요하다. 그리고 아무리 서로에 익숙해지더라도 서로의 이야기를 듣고 수용하는 과정이 필요하다는 걸 상기시켜야 한다. 기본적으로 ESTJ는 연인에 대한 헌신도 뛰어나고, 상대를 실망하게 하는 것을 몹시 싫어하기 때문에 당신과의 대화 이후 달라진 ESTJ의 모습을 볼 수 있을 것이다. 이런 과정을 통해 당신과 ESTJ 연인의 서로에 대한 신뢰가 더 두터워질 수 있다.

그럼에도 ESTJ 연인이 당신에게 자신의 감정을 표현하는데 어려워하는 모습을 자주 보일 수 있다. ESTJ는 당신을 애칭으로 부른다거나 매일 사랑한다고 달콤한 말을 던지기보다는 행동을 통해 당신에 대한 사랑을 보여주는 것을 선호한다. 당신이 무언가 필요로 하는 것 같다면 그것을 알아채고 결핍을 채워줄 것이다. 예를 들어, 대학생인 당신이 공부에 어려움을 겪고 있다면, ESTJ는 자신의 시간을 투자해서 당신의 공부에 도움이 되도록 애쓸 것이다. 당연히 당신을 위해 해야 할 일이라고 생각하면서.

당신이 ESTJ에게 반했다면, 아마도 어떤 상황에서든지 자신의 의무감을 우선시해서 책임감 있게 행동하는 점 때문일 것이다. ESTJ는 자신이 속한 집단, 자신의 가까운 사람들에게 자신이 도움 되는 것을 즐기며, 마땅히 그 일을 해야 한다고 여기기 때문에 묵묵히 도움 행동을 할 때가 많다. 이런 ESTJ의 책임감 있는 행동을 당신이 당연하게 받아들이지 않고 감사하는 마음을 자주 표현한다면, ESTJ는 더 행복한 마음으로 당신을 위해 헌신할 것이다.

ESTJ와의 데이트는 지적인 욕구 충족, 생산성 높은 활동으로

연애 초반에는 ESTJ는 당신에 대해 알아가기 위해, 서로 친숙해지기 위해 카페나 식당에서 이야기 나누고, 영화관과 같이 많은 사람이 즐기는 데이트 장소에서 함께 하는 것을 좋아할 것이다. 그러나 연애의 기간이 길어지고 서로에 대한 이해가 깊어졌을 시점부터는 당신과의 데이트 시간을 유용하게 활용하고 싶어 할 가능성이 높다. 만약 역사에 관심이 많은 ESTJ라면, 역사적 관광지를 방문해 실제 일어난 일과 자신이 알고 있는 것, 그곳에서 보게 되는 것들을 하나로 통합하는 것에 흥미를 느낄 것이다. ESTJ는 자신의 상상에 더해 역사의 맥락을 짚기보다는 증거나 사료 등의 사실적 근거에 의해 엄격하게 역사를 파악한다. 비슷한 이유로 박물관을 좋아하기도 하는데, 이는 ESTJ가 새로운 지식을 습득하는 걸 좋아하기 때문이다. 그리고 박물관에는 ESTJ가 좋아하는 사료들이 있으니, 더더욱 좋아할 수밖에 없는 곳이다.

ESTJ 중에는 요리를 즐기는 사람이 많다. ESTJ가 요리를 즐기는 이유는 첫 번째로 사는 데에 음식이 필요하기 때문이고, 두 번째로는 동일한 비용을 들여서 활용할 수 있는 가장 효율적인 지식이라 생각해서이고, 마지막으로 요리하는 과정이 처음부터 끝까지 ESTJ가 통제할 수 있기 때문이다. 요리 또한 계획을 세워야하고, 목표가 명확하며, 결과의 승패가 명확하기 때문에 ESTJ는 요리 전 과정에서 자신의 강점을 활용할 수 있어 즐거움을 느낀다.

당신이 ESTJ를 깊이 사랑하고 오래 함께 하고 싶다면, ESTJ가 좋아하는 생산성 증진 활동을 함께 하는 것이 좋다. 그런 과정을 통해 데이트가 단순히 둘만의 즐거운 시간을 보내는 것이 아니라, 깊은 연결감을 형성하는 기회가 될 테니깐.

연령대별 ESTJ 특성과 연애 공략법

20대 ESTJ

20대의 ESTJ는 그들의 책임감과 조직적인 능력을 활용해 학교나 직장에서 성과를 창출하는 데 집중한다. 이 시기에 ESTJ는 더욱 많은 목표를 세우고 그 목표를 이루기 위해 왕성하게 노력하는 모습을 볼 수 있다. 또한, ESTJ의 사회적 능력과 리더십은 이 시기에 학교와 직장 등 본인이 속한 곳에서 두드러지게 드러난다. 당신이 20대의 ESTJ에게 다가가 그동안의 노력과 성과에 대해 칭찬한다면, 서로 호의적인 관계를 구축할 수 있을 것이다. 그렇게 천천히 시작하는 것을 추천한다.

30대 ESTJ

30대 ESTJ는 삶의 다음 단계로 나아가는 데 집중한다. 이는 가족을 이루거나 커리어에서 더 높은 위치를 차지하는 것을 포함한다. 이 시기에 ESTJ는 일과 가족, 직장과 사적 생활 사이의 균형감을 갖기 위해 노력하며, ESTJ의 탁월한 목표 지향 능력은 이를 가능하게 한다. 30대 ESTJ에게 일과 가족은 모두 소중하고 지켜야 하는 것이기 때문에 그의 책임감을 알아준다면,

ESTJ는 당신에게 분명 감동할 것이다.

40대 ESTJ

40대 ESTJ는 이제까지 쌓아온 경험을 바탕으로 생활의 깊이를 더해가는 시기다. 이 시기에 ESTJ는 지금까지 이룩한 것에 대해 자부심을 느낄 것이며, 자신의 경험과 지식을 주변 사람들에게 공유하는 것을 즐긴다. 40대에는 ESTJ의 지식에 대한 추구가 빛을 발하는 시기로, 본격적으로 자신의 경험과 지식을 전하며, 후학을 양성하려 할 것이다. 때문에 당신이 그의 경험과 지식에 관심을 가지고 존중하는 태도를 보인다면, 특별한 관계가 될 것이다.

ESTJ를 사랑하는 당신을 위한 조언

- ESTJ의 높은 책임감과 성실함, 일을 계획하고 조직하는 능력을 봤을 때, 이 거칠고 한 치 앞도 안 보이는 세상에서 ESTJ와 함께라면 뭐든 해낼 수 있을 것 같아요. 그러나 ESTJ도 아주 가끔이지만, 번아웃이 올 때가 있어요. 당신의 격렬한 응원이 ESTJ에게 동력이 되어줄 거예요.

- 너무 힘든 하루를 보내서 ESTJ 연인에게 오늘 있었던 일을 털어놓았다가 오히려 더 깊은 상처를 받지 않았나요? ESTJ는 감정적 표현이나 공감에 어려움을 느껴요. 자신도 어떻게 해야 할지 잘 몰라, 그냥 넘어가면 된다고 생각하고 그랬을 거예요. ESTJ에게는 약간의 팁을 알려주는 게 좋아요. 예를 들어, "너 많이 힘들었구나"라고 대답해줬으면 좋겠다고 명확하게 알려줘야 당신이 화병이 안 날거예요. 딱 거기까지. 창의력은 기대하지 말고요.

- ESTJ는 최상의 배우자예요. 연애 때에는 어떻게 생각하고 행동할지 쉽게 예상되어서 연인으로서 흥미가 떨어졌을지 몰라도, 결혼하고 나서는 이렇게 계획적이고 부지런한 사람이 최고죠. ESTJ와 함께라면, ESTJ가 당신이 인생 플랜을 설정하는 데에도 큰 도움을 줄 거예요.

솔직하게 자신의 마음을 표현하는
ESFJ

"우와! 너는 천사구나!"

#세상에서가장따뜻한리더 #모두를위한선생님
#워머인간 #동반성장

ESFJ는 사람 중심적인 성향이어서 그의 세상은 끊임없이 사람들과 연결되어 있다. ESFJ는 타인의 기분과 상태를 빠르게 이해하며, 상대방의 감정을 존중하고 공감한다. 친구나 가족이 어려운 시기를 보내고 있다면, ESFJ는 다정하게 위로하면서 동시에 팔을 걷어붙이고 친구나 가족이 겪는 어려움을 완화하는 방법을 제안하려 할 것이다. ESFJ는 상대의 입장에서 생각하며 감정을 이해하려 노력한다. ESFJ는 감정을 중요한 정보로 파악하고 가까운 사람들과 감정을 주고받는 과정에서 연결되어 있음을 느낀다. 이는 ESFJ의 강점 중 하나다.

ESFJ, 공감력 높은 다정한 현실주의자

ESFJ는 사람들과의 상호작용에서 힘을 얻기 때문에 모임을 결성해서 협력하는 일에 흥미를 느낀다. ESFJ 또한 리더의 역할을 수행할 때가 많은데, 리더로서 ESFJ는 자신의 의견을 분명히 표현하며, 팀원들 하나하나를 살펴 가며 협력을 통해 목표를 달성한다. 프로젝트를 시작할 때 ESFJ는 업무를 철저히 계획하고, 팀원들에게 각자의 역할을 분명하게 알려준다. 또한 업무를 체계적으로 관리하고, 업무가 계획대로 진행되도록 팀원들을 지도한다. ESFJ는 프로젝트의 성공을 위해 끊임없이 노력하며, 이를 위해 필요한 모든 자원을 투입한다.

때로 프로젝트를 진행하는 과정에서 ESFJ가 자신의 의견을 지나치게 고집하며 팀원들에게 부정적 메시지를 던지면서까지 일을 수행할 때가 있다. 그 정도로 ESFJ는 일을 잘 마무리하려는 강력한 의지를 가지고 있기 때문이다. 그러나 감정에 민감하기 때문에 자신의 고집스러운 면으로 팀원이 힘들어한다면, 괴로움을 느끼며 이를 회복하고자 노력할 것이다.

ESFJ는 고집을 부리는 때가 아니라면, 갈등을 해결하는 데 뛰어난 능력을 보인다. ESFJ는 대화와 상호 이해를 통해 갈등을 해결하려 한다. 만약 친구 사이에 갈등이 생겼다면, ESFJ는 두 사람 사이의 중재자 역할을 수행할 것이다. 대립하는 양측의 입장을 다 들어보고 이해해 보려 노력하면서 의견을 절충하여 문제를 해결할 방법을 제시한다. ESFJ는 갈등 상황에서 침착함을 유지하며, 문제를 공정하게 해결하려 노력하기 때문에 친구들은 ESFJ가 제시한 절충안에 동의할 것이다.

ESFJ는 변화에 대해 조심스러운 편으로, 자신이 익숙한 환경과 사람들에게 머무는 것을 선호한다. ESFJ는 무엇보다 안정성을 중요시하며, 일상에서 불필요한 변화를 최대한 피하려 한다. 예측 가능한 것을 추구하기 때문에 규칙적인 시간 관리, 깔끔한 공간을 만든다. 어쩔 수 없이 이직이나 이사 등 새로운 환경에 처했다면, 새로운 공간과 주변 사람들에게 적응하는 데 꽤 시간이 필요하다. ESFJ는 자신이 편안해질 때까지 기다렸다가 새로운 상황에 점차 적응해 나간다.

───────

출생순위로 살펴보는 ESFJ

첫째 ESFJ

가족 내에서 첫째 자녀로서 리더십을 발휘해야 하는 경우가 많으며, 자신이 맡은 일에 대해서 책임감을 가지고 충실히 이행한다. 어릴 때는 부모를 도와 동생들을 돌보고, 성인이 되어서는 나이 든 부모를 돌보는 데에 큰 노력을 기울인다. 가족 구성원들에게 무엇이 필요한지, 누가 어떤 문제에 직면해 있는지 잘 파악하며 이를 해결하기 위해 노력한다.

중간 ESFJ

중간 ESFJ는 가족 내에서 따뜻한 중재자 역할을 하며, 형제자

매 간의 갈등이 발생하면 이를 잘 조정하기 위해 갈등의 당사
자들에게 섬세하게 접근한다. 사람들과의 관계를 중요시하는
중간 ESFJ는 어릴 때부터 가족 안에서 다른 사람들의 감정을
잘 파악하고 이해해, 이를 바탕으로 조화를 이루는 데 힘쓴다.

막내 ESFJ

가족 내에서 사랑받는 존재로서, 막내 ESFJ의 활발하고 사랑스
러운 성격이 두드러진다. 주변 사람들의 기분을 좋게 하기 위
해 노력하며, 때로는 가족을 웃게 하기 위한 재치 있는 행동을
보일 수 있다. 그러나, 때때로 다른 사람들의 반응에 지나치게
의존하며, 애정을 갈구하기도 한다.

외동 ESFJ

다른 ESFJ와 마찬가지로, 가족과의 깊은 관계를 중요시한다.
가족 내에서 부모의 감정적인 지지를 주는 역할을 하는 경우가
많으며, 가족 간의 깊은 유대감을 형성하는 데 중요한 역할을
감당한다. 외동 자녀로서 그들은 종종 스스로에게 엄격할 수
있기 때문에 부모는 외동 ESFJ가 짊어진 부담을 인식하고 의
식적으로 덜어주려고 노력하는 것이 필요하다.

ESFJ에게 연애는
당신과 함께 하는 진정성 넘치는 여행

당신과 연애할 때, ESFJ는 활기차고 열정적인 사랑꾼이다. ESFJ는 감정을 솔직하게 표현하며, 따뜻하고 사려 깊은 마음을 보여준다. ESFJ는 친절하고 배려심 많은 연인으로, 언제나 당신에게 진심으로 관심을 쏟는다. ESFJ는 당신이 속상한 마음을 숨기고 미소 짓고 있다 하더라도 당신의 변화에 대해 알아차리고, 당신의 기분을 풀어주기 위해 노력할 것이다. 당신을 행복하게 하기 위해 종종 큰 선물이나 깊은 감동을 주는 행동을 선보인다. ESFJ와 함께 있을 때 당신은 사랑받고 있다는 걸 느낄 수 있고, 당신 또한 그 마음을 ESFJ에게 돌려주고 싶을 것이다.

ESFJ 연인은 당신에게 안정감과 편안함을 주는 관계를 형성하며, 언제나 당신에게 충실한 연인의 역할을 할 것이다. 때로는 ESFJ가 힘든 하루를 보냈다 하더라도 당신이 힘들어하면, 자신보다는 당신에게 더 집중하며 당신이 더 나은 시간을 보낼 수 있도록 노력할 것이다. 이런 ESFJ의 노력에 대해 당신이 감사하는 마음을 표현한다면, ESFJ는 오히려 당신에게 베풀 수 있어 감사하다고 말할지도 모른다.

당신이 보기에 ESFJ가 친구나 가족에게 지나치게 희생하는 것으로 보일 때가 있어, ESFJ가 이용당하는 것이 아닌지 우려될 때가 있을 것이다. 그럴 때는 ESFJ에게 당신의 우려를 표현할 필요가 있다. 왜냐하면, ESFJ는 오랜 시간 너무나 당연하게 자신이 가까운 사람들을 위해 희생해야 한다고 여기며 익숙해졌기 때문에, 때로는 관계에 있어 무조건 희생할 필요는 없다는 것을 알려주며 경고해야 한다. 다른 사람이 아니라, ESFJ 자신의 감정에 대해 주의를 기울이는 것이 중요하다. 때로는 스스로 보호하기 위해 마음이 불편하더라도 거절해야 한다는 것을 알고, 그에 대한 시행착오를 겪어야 한다. 그 후 ESFJ는 타인의 감정과 자신의 감정을 구분하고 자신의 감정이 보내는 신호에도 반응하는 등 적절하게 감정을 관리하는 방법을 익히게 될 것이다.

그러나 당신이 ESFJ에게 반했다면, 아마도 그건 ESFJ가 주변 사람들과 조화를 이루며 지내는 모습 때문일 것이다. ESFJ는 당신과 연애할 때도 당신을 진짜 '천사'로 보는 헌신적인 사랑꾼이며, 신뢰할 수 있는 정직한 연인이다. ESFJ는 오로지 사랑하는 당신을 위해 무엇이든 할 준비가 되어 있으며, 당신과의 관계를 행복으로 이끄는 데 필요한 노력을 아끼지 않는다. 당신 또한 ESFJ만을 바라보며 ESFJ의 헌신에 감사를 표현한다면, 둘의 사랑은 영원에 가까울 것이다.

ESFJ와의 데이트는 세상과의 연결감 회복을 위한 것으로

ESFJ는 사교적이고 다른 사람을 배려하는 데에 탁월하기 때문에, 데이트 장소와 시간을 선택할 때도 자신의 의견을 밝히기보다는 당신의 의견을 먼저 물어볼 것이다. 만약 당신이 장소를 선택하지 않았다면, ESFJ 연인은 당신이 즐거워할 만한 것이 어디 있나 고민하고, 함께 즐길 수 있는 장소와 활동을 선택할 것이다. 이 과정에서 ESFJ만의 민감한 '눈치 읽기'가 시작되는데, 당신이 자신과의 만남에서 행복한지 안 한 지 실시간으로 읽어내고, 당신이 조금이라도 싫은 내색을 표현할 거라고 예상되는 건 미리 차단한다.

당신이 이렇게 눈치 빠르고 당신의 행복을 추구하는 ESFJ 연인을 기쁘게 하기 위해 데이트 장소를 선택한다면, 푸른 나무와 싱그러운 공기가 가득한 숲이나 공원을 함께 거니는 것을 추천한다. 평소 사람들 사이에서 뛰어난 공감과 눈치로 피로했을 ESFJ가 숲에서는 오감이 적절하게 자극되어 회복할 수 있기 때문이다. 그리고 숲에서 여유롭게 걸으며 당신과 대화를 나눈다면, ESFJ는 당신과 깊이 연결되었다는 느낌을 얻어 관계 만족도가 상승할 것이다. 숲이 아니라도 호수나 강변을 걸으며 평화롭게 이야기 나누는 것도 좋고, 산책이 아니라 산악 구보나 암벽 등반, 캠핑, 낚시도 좋다. 무엇보다 자연을 접하는 것이 ESFJ의 뛰어난 오감 회복에 도움이 되기 때문에 당시 컨디션에 따라 자연에서의 거친 활동을 즐길 것인지, 다소 정적인 활동을 할 것인지 선택하면 된다.

ESFJ는 사회적 책임감이 강하고 타인과 세상에 도움 되는 활동에 의미를 두기 때문에, 당신이 자신과 함께 봉사 활동을 한다면 기뻐할 것이다. ESFJ에게는 자신이 세상을 조금이나마 이롭게 한다는 구체적인 경험이 긍정적 자기관 형성에 매우 도움이 되고, 그 활동을 당신과 함께 한다면 당신과 같은 가치관을 가졌다는 생각에 당신과 깊은 유대감을 느끼며, 세상을 좀 더 안전하게 느낄 것이다.

연령대별 ESFJ 특성과 연애 공략법

20대 ESFJ

20대 ESFJ는 사랑과 인생에 대해 열정적으로 접근하는 경향이 있다. 자신의 인생과 사랑에게 자신의 모든 것을 걸며, 자신의 연인에게도 동일한 수준의 헌신을 기대한다. 이 시기의 ESFJ는 연인과의 소통과 상호작용에 많은 시간과 노력을 투자하며, 연인과 함께 사회적 활동에 참여하는 것을 좋아한다. 20대 ESFJ 와의 연애에 성공하기 위해서는 ESFJ의 관심사에 동조하고 항상 응원하며, 서로의 행복과 성장을 위해 노력하는 것이 중요하다.

30대 ESFJ

30대의 ESFJ는 안정적인 관계를 선호하며, 명확한 삶의 방향과 계획을 가지고 있다. ESFJ는 파트너와의 성장을 원하며, 사회적 연결을 가치 있게 평가하기 때문에 ESFJ에게 이상적인 파트너는 자신의 가족, 친구들과 잘 지내는 사람이다. 당신이 ESFJ와 특별한 관계를 이어가고 싶다면, ESFJ가 중요하게 여기는 사람들과 좋은 관계를 유지하는 것도 중요하다.

40대의 ESFJ

40대의 ESFJ는 자신의 삶과 연인에 대한 깊은 이해를 가지고 있다. 감정적인 깊이와 품질을 중요시하며, 연인을 기쁘게 하기 위해 어느 날 갑자기 감동을 주는 선물을 하며 물질적으로 표현하기도 한다. 당신이 ESFJ를 사랑한다면, ESFJ의 감정을 존중하고 그가 무엇을 좋아하는지, 무엇을 원하는지 알고 이해하는 노력이 필요하며, 진심 어린 칭찬과 함께 사랑을 표현하는 것이 무엇보다 중요하다. 당신이 ESFJ를 이해하고 그의 세계에 존중과 사랑을 가지고 접근한다면, ESFJ 연인과의 사랑은 확실히 깊고, 풍성하고, 열정적인 것이 될 것이다.

ESFJ를 사랑하는 당신을 위한 조언

- ESFJ는 다정한 현실주의자로, 당신을 사랑한다면 당신에게 헌신적일 거예요. 신뢰할 수 있는 연인을 찾는 거라면 ESFJ만 한 사람이 또 없죠. 서로의 헌신이 ESFJ와 함께 하는 시간동안 빛으로 함께할 거예요.

- ESFJ가 당신의 마음을 잘 알아채는 것처럼 당신도 ESFJ의 마음에 관심을 기울이세요. ESFJ는 감정을 가치 있는 정보로 여기기 때문에 당신이 ESFJ의 마음을 살펴준다면, 서로의 연결성을 느끼는 계기가 될 거예요.

- 만약 ESFJ에게 희생을 강요하는 사람이 있고, ESFJ가 주변 사람들에게 지나치게 헌신적인 것 같다면, 당신의 솔직한 조언이 필요해요. 주변 사람들이 실망하는 것을 보기 힘들어하는 게 ESFJ의 성장 동력이자 약점인데, 당신을 통해 자신과 주변 사람들의 부정적인 감정을 적절하게 관리할 필요성을 느끼게 될 거예요.

사랑에도 예측통계를 적용하는
ISTJ

"사랑에도 신뢰가 중요해."

#완벽주의자 #일정표의노예
#사실만얘기해 #질서정연

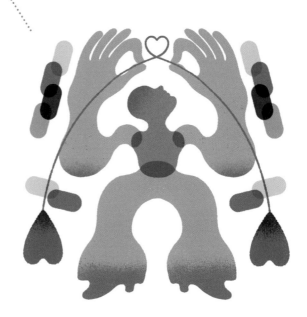

ISTJ는 철저하게 계획을 세우고 엄하게 지키는 특성이 있으며, 자신과 주변 상황을 완벽하게 통제하려 한다. ISTJ의 주변 환경은 항상 깔끔하게 정리되어 있고, 물건은 매번 같은 위치에 놓인다. 만약 친구가 ISTJ의 집에 가서 쭉 둘러본다면, 누구나 한 번에 파악할 수 있을 정도로 ISTJ는 체계적으로 정리를 잘한다. 주변 환경을 청결하게 유지하는데 큰 만족감을 느끼는 ISTJ의 깔끔한 습관은 자기 집뿐만 아니라, 자신이 잠시 머무는 공간에도 해당한다. 만약 ISTJ를 집으로 초대했다고 가정해보자. ISTJ는 방문자임에도 불구하고 자기가 앉은 자리의 주변을 정리하거나 먼지가 많이 쌓인걸 본다면, 집주인 대신 청소하고 싶어 할 것이다. 따라서 ISTJ 유형의 친구를 집에 초대한다면, ISTJ의 자리 옆에 슬쩍 청소 도구를 준비해 두는 것이 좋을지도 모른다.

ISTJ, 성실하고 정확한 완벽주의자

ISTJ는 일적인 면에서 굉장히 몰입감이 강하며, 자신이 하는 일에 있어서만큼은 전문가가 되려 한다. ISTJ는 업무를 수행할 때 매우 체계적이고 정확하게 접근하며, 세부 사항을 놓치지 않는다. 예를 들어, ISTJ가 케이크를 만든다고 하면 레시피를 준수하며 레시피의 각 단계를 정확하게 따르고, 재료의 정확한 양을 사용하려 할 것이다. 따라서 ISTJ와 함께 일하는 사람들은 ISTJ가 정확한 순서대로 일을 진행한다는 것을 알고 그점을 독려하며 협력하는 것이 좋다. 그렇게 한다면 ISTJ는 자신이 존중받고 인정받는다고 여겨, 당신과 ISTJ와의 관계는 더욱 돈독해질 것이다.

ISTJ는 타고난 관리자이며, 중책을 맡아도 책임감 있게 해낸다. ISTJ는 반복하고 정확도를 기하는 일에도 성실한 태도로임한다. 먹이를 찾는 독수리의 눈처럼 다른 사람들이 놓치는아주 작은 실수를 발견하고 틈을 놓치지 않기 때문에 법률이나세무, 회계 관련 업무에 많이 종사한다.

ISTJ가 자신의 일을 완벽하게 처리하고, 다른 사람들에게도도움을 주는 것은 큰 장점이지만, 때때로 자신만의 방식을 지나치게 고수하며, 변화에 적응하지 못하기도 한다. 가까운 사람들과의 관계에서도 마찬가지로 폐쇄적인 자세를 취하며 자신의 말만 옳다고 주장할 때가 있는데, 그럴 때면 ISTJ의 발언과 행동에 사람들이 답답함을 느끼고 상처를 입기도 한다. 그렇기 때문에 ISTJ는 의식적으로 노력해서 다른 사람들의 의견을 듣고 존중하는 자세를 취해야 한다. 옳고 그름의 문제와 효율성의 문제는 차치하고, 말하는 사람이 어떤 생각과 감정적 경험을 하는지 알려고 노력한다면, ISTJ는 사람들과의 관계에서도 고립될 걱정이 없다. ISTJ가 자신의 강점을 활용하고 약점을 극복하면, 프로젝트 책임자로서 업무를 진행할 때 팀원을 놓치지 않고 성과도 창출하며 새로운 성공 신화를 만들어갈 것이다.

출생순위로 살펴보는 ISTJ

첫째 ISTJ

첫째로 태어난 ISTJ는 보통 책임감과 체계적인 사고방식이 두드러진 경우가 많다. 어릴 때부터 동생들을 보살피면서 책임감을 길렀고, 이는 ISTJ의 성격 형성에 크게 기여한다. 부모가 믿음직한 첫째 ISTJ에게 도움을 청하면 ISTJ는 그 일을 철저하게 완수하기 위해 노력하며, 완수를 위해 과정과 일정까지 정확하게 조직할 것이다. ISTJ는 동생들 앞에서 이상적인 모습을 보여주며, 동생들과의 관계를 통해 리더십 능력을 발전시킨다.

중간 ISTJ

중간 자녀로서 ISTJ는 형제 사이에서 자신만의 독특한 위치를 찾는 것에 능숙하며, 대다수의 경우에 형제간 분쟁을 중재하는 중심적 역할을 담당한다. 중재하는 과정에서 ISTJ는 공정한 판단력과 체계적인 사고방식을 드러내어, 이해 당사자들로부터 신뢰를 얻는다. 이 경험을 통해 중간 ISTJ는 자기 생각을 명확하게 표현하고, 다른 사람들의 입장을 이해하는 능력을 발전시킨다.

막내 ISTJ

막내 ISTJ는 종종 자신이 속한 그룹의 분위기를 읽는 데 능숙하다. ISTJ만의 세심한 관찰력으로 손위 형제의 시행착오를 통해 배우는 경험이 많다. 그로 인해 막내 ISTJ는 막내 같지 않게 능숙하게 행동할 때가 있어, 주변 사람들로부터 의젓하다는 평가를 자주 듣는다.

외동 ISTJ

부모의 유일한 자녀이기 때문에 다른 ISTJ에 비해 부모에게 더 많은 관심과 주의를 받게 되는데, 이 과정에서 외동 ISTJ는 부모로부터 자신의 독립성을 유지하는 것에 대한 강한 욕구를 가지며, 자기 주도성을 강화한다. 그러나 어릴 때 친구들과 친밀감을 나누는 소통에서 어려움을 느낄 때가 있으며, 친구들 사이에서 배제되어 고독감을 경험할 수 있다. 오히려 그 경험을 통해 사회적 상호작용에 대한 ISTJ만의 기대치를 설정하고 노력하게 되는 계기가 될 수도 있다.

———

ISTJ에게 연애는
불변의 약속, 믿음직한 행동을 보여주는 것

ISTJ 연인은 정직하고 신뢰할 수 있는 사람으로, 자신이 약속한 것을 지키는 것을 중요하게 생각한다. 그렇기 때문에 ISTJ는 당신과의 연애에서도 안정적이고 예측 가능한 관계를 선호한다. 감정적인 변동이 크고 매료되는 관계보다는, 서로를 이해하고 존중하는 과정에서 천천히 신뢰를 쌓아가는 관계를 선호한다. 따라서 당신과 만날 때에도 자신의 감정을 통제하고, 감정적으로 안정적인 상태를 유지하려고 노력하는 모습을 보인다.

ISTJ가 감정을 억제하거나 표현하지 않는 것은 자신의 감정을 완전히 이해하거나 표현하는 데 어려움을 겪을 수 있다는 것을 의미하기도 한다. 그러므로, 당신은 ISTJ 연인에게 감정을 표현하는 것이 얼마나 중요한 것인지 상기시킬 필요가 있으며, ISTJ가 당신 앞에서 편하게 감정 표현할 수 있을 때까지 여유 있게 기다려 주는 것이 좋다.

당신이 ISTJ에게 반했다면, 아마도 그의 완벽한 수행 능력에 의한 것일 수 있다. 잘 다려진 옷에 항상 바른 자세를 유지하며, 무슨 일을 하든 완벽성을 기하는 ISTJ는 주변 사람들을 돕는 데에도 최선을 다한다. 그런 ISTJ의 모습에 당신은 그를 정직하고 신뢰할 수 있는 사람이라 여겼을 것이다. 또한, 당신은 ISTJ와 연애를 시작하고 나서 연애 이전보다 ISTJ를 훨씬 더 좋아하게 되었을지도 모른다. ISTJ의 당신에 대한 헌신적인 태도와 관계에 대한 진지한 태도는 장기적인 연인으로 백 점 만점이다.

당신이 ISTJ와 갈등을 빚을 때가 있는데, 그건 아마도 ISTJ가 당신과 데이트할 때도 약속 시간을 지키는 것을 지나치게 중시하고, 자신과 같이 당신에게도 어떤 책임을 지게 할 때이다. 당신이 자유로움을 추구하는 사람이라면, ISTJ의 이런 모습에서 갑갑함을 느끼고 ISTJ와의 관계가 속박처럼 느껴질 수도 있다. ISTJ는 다른 사람들보다 체계적이고 조직적인 편이서 직장에서는 동료들에게 유능하다는 평가를 듣겠지만, 가족과 연인, 친구 등의 사적인 관계에서는 미숙하게 대처할 가능성이 있다. 특히 사랑은 ISTJ에게 미지의 세계이기 때문에 자신도 모르게 끊임없이 구체화하려고 하는 과정에서 당신을 숨 막히게 할지도 모른다. 그럴 때는 ISTJ에게 명확하게 당신의 생각을 표현하는 것이 좋다. ISTJ의 기분을 상하지 않게 하려고 에둘러 얘기하다가는 ISTJ는 끝까지 이해 못 할 수도 있기 때문에, 단호한 태도와 명확한 의사 전달이 통할 수 있다. 그럼에도 당신의 연인 ISTJ에게 따뜻한 시선을 거두지 마라.

ISTJ와의 데이트는 편안함을 추구할 수 있게

ISTJ에게 "우리 어디에서 만날까?"라고 물어보면, ISTJ는 자신이 준비한 데이트 계획에 대해 알려줄 것이다. ISTJ는 신중하고 철저하게 계획을 준비하기 때문에 사전에 데이트 일정과 그에 맞는 데이트 장소에 대한 정보를 파악했을 것이다.

연애 초반이라면, ISTJ는 당신에 대해 알아가는 중이므로 당신이 무얼 좋아하는지 물어보고 그에 맞춰 계획을 세울 것이다. 당신이 맛집을 찾아가는 것을 좋아한다면, ISTJ는 출퇴근 길에 틈틈이 유튜브를 보면서 전국의 맛집을 파악해, 데이트할 때마다 단계적으로 추천할 것이다. 만약 당신이 트레킹이나 등산을 좋아한다고 하면, 적합한 트레킹 코스를 알아내 함께 즐길 것이다. ISTJ는 무얼 하는지 보다 당신과 함께 있는 것을 더 좋아해, 자신의 취향을 고집하기보다는 당신에게 물어볼 것이다. ISTJ에게 무엇보다 중요한 것은 예측 가능성이기 때문에, 연애 중반으로 들어서면 자신이 잘 알고 몇 번이나 갔던 장소에 가길 원할 것이다. 이미 알고 있는 맛과 익숙한 장소가 ISTJ에게 편안함을 안겨주며, 편안함은 ISTJ의 날카로운 완벽 지향성을 조금 무디고 유연하게 만든다. 부드러운 ISTJ를 만나고 싶다면, ISTJ가 좋아하는 음식을 먹으며 대화하는 것이 좋다.

연령대별 ISTJ 특성과 연애 공략법

20대 ISTJ

ISTJ에게 청년기는 학업이나 직장생활을 바탕으로 세상을 이해하며 자신의 가치관을 확립하는 시기로, ISTJ의 책임감과 꼼꼼함이 두드러지는 시기이다. ISTJ는 연인에게 꾸준하고 안정적인 관계를 제공하고자 노력하고, 동시에 연인과의 사이에서 감정 표현에 어려움이 있다는 것을 자각하게 된다. 당신이 ISTJ 의 서투른 감정 표현을 이해하고, 그가 말로 표현하지 못했던 사랑에 대해 의심하지 않는다면, 당신은 ISTJ에게 신뢰할 수 있는 연인이라고 여길 것이다.

30대 ISTJ

30대의 ISTJ는 이 시기에 일반적으로 자신의 삶과 가치관을 확립하고, 안정적인 삶을 추구한다. 자신의 삶을 체계적으로 꾸려 나가는 데 집중하며, 이는 그들의 연애 스타일에도 영향을 미친다. 그러니, 30대 ISTJ에게 당신이 얼마나 안정적이고 신뢰할 수 있는 파트너인지 보여주는 것은 매우 중요하다. ISTJ 와 함께라면, ISTJ는 당신과의 미래를 계획하고 자신의 안정지향적 삶에 당신이 동참하길 바랄 것이다.

40대 ISTJ

40대는 ISTJ의 체계성과 신뢰성이 성숙한 시기다. 직장에서 관리직이나 중책을 맡고 있을 가능성이 높은 40대 ISTJ는 자신의 삶과 가치관을 확실히 이해하고, 이를 바탕으로 관계를 유지하며, 확실하게 워라밸을 지킬 것이다. 그렇기에 40대 ISTJ를 당신이 사로잡는 데는 그의 가치관을 이해하고 공유하는 것이 중요하다. 당신이 ISTJ의 세상을 이해하려 노력하고, 함께 성장하려는 의지를 보여줘야 한다.

ISTJ를 사랑하는 당신을 위한 조언

- ISTJ는 연애 또한 예측 가능하길 원하기 때문에 데이트뿐만 아니라, 당신과 함께 할 미래까지도 계획을 세우고 있죠. 체계적으로 계획을 세우고 단계별 미션을 완수하는 게 ISTJ가 성취감을 느낄 수 있는 방식이에요.

- 약속에 민감한 ISTJ, 당신이 약속을 어기면 ISTJ는 의도치 않게 당신을 훈계하거나 비난할지도 몰라요. 그건 ISTJ가 약속을 지키는 것에 민감하고, 당신이 자신과의 약속을 어기는 게 자신에 대해 존중하지 않기 때문이라고 여겨서 그래요. 그렇지 않다는 걸 ISTJ에게 말해주세요. "내가 약속을 어긴다고 널 좋아하지 않는 건 아냐."

- ISTJ는 자신에 대한 이야기를 잘하지 못해요. 어떨 때는 가족에게도 살갑게 대하지 못할 가능성이 있어요. 그건 ISTJ가 항상 완벽을 추구하며 평소에도 긴장도가 높기 때문이에요. 그러니 당신이 좀더 ISTJ가 편안함을 느낄 수 있게 해준다면, ISTJ는 신중하게 자신의 이야기를 조금씩 할 거예요.

식물을 키우듯 인연을 소중히 다루는
ISFJ

"네가 좋아하는 것이라면, 다 좋아."

#모두가행복해야만행복 #세상에서제일멋진도서관사서
#소소한행복러 #천천히밝아지는보름달

ISFJ는 자신들의 주변 환경과 가까운 사람들을 깊은 관심과 애정을 갖고 살펴보고 있으며, 무언가 부족한 게 있으면 말없이 챙겨준다. 밥을 먹다가 연인이 입가에 뭘 묻히고 있다면, ISFJ는 자신의 방식대로 연인을 배려한다. 배려함이 연인의 입가에 묻은 것을 못 본체하는 것으로 나타날 수 있고, 연인도 쉽게 눈치 챌 수 없도록 빠르고 정확하게 입가를 닦아주는 행동으로 나타날 수도 있다. 어떤 방법을 취하든 ISFJ는 자신의 연인이 당황하지 않기를 원할 것이다.

─────

ISFJ, 따뜻한 시선을 가진 조용한 배려꾼

ISFJ는 세세한 사항에 놀라울 정도의 집중력을 보인다. 일상의 가장 작은 변화에도 민감하게 반응하는 ISFJ는 풍부한 인간 이해를 바탕으로 주위 사람들을 챙긴다. 예를 들어, 친구가 조금이라도 기분이 상했을 때, 또는 가족 구성원이 새로운 활동에 참여하거나 취미를 시작할 때, 그걸 눈썰미 있게 가장 먼저 알아채는 것이 바로 ISFJ다. ISFJ는 무심한 듯 보여도 항상 주위 사람들을 따뜻한 시선으로 지켜보고 있으며, ISFJ 특유의 주변 환경에 대한 깊은 이해와 공감 능력을 통해 결정적인 순간, 도움이 필요한 사람들에게 딱 맞는 도움을 제공한다. ISFJ를 아는 사람들은 ISFJ의 세심한 도움의 손길에 대해 고맙게 여기며, ISFJ는 내향적인 성격임에도 대인관계 내에서 중요한 위치에 있는 경우가 많다.

ISFJ는 정직하고 책임감 있으며, 자신의 경험과 사실에 근거한 정보를 중요하게 여기고, 상황을 객관적이고 현실적으로 평가하여 가장 실현 가능성 높은 해결책을 내놓는다. 그렇기 때문에 ISFJ는 새로운 일을 시작할 때, 관련 일을 했던 사람들의 경험과 노하우를 찾아 배운 내용을 머릿속에 깔끔하게 정리를 하고 나서 마치 숙련공처럼 일에 임한다. 그럼에도 미숙함을 지울 수 없는 경우라면, ISFJ는 실제로 일을 진행하면서 빠른 시간 안에 일을 몸에 익혀, 가장 효율적인 자신만의 방법을 찾아낸다. 과거의 자신이 시행착오를 거쳐 미래의 자신에게 스승 역할을 하는 것이다. 또한, ISFJ는 성실함으로 꾸준히 성장하기 때문에 어느 날 다른 사람들이 쉽게 따라올 수 없는 놀라운 성과를 기록하기도 한다.

ISFJ는 때로 다른 사람들의 필요성을 자신의 것보다 우선시하고, 주변 사람들의 감정 변화를 민감하게 캐치하면서도 때때로 자신의 감정에 대해선 억제하거나 간과하는 결과를 초래하기도 한다. 예를 들어, ISFJ는 자신이 몹시 피곤하거나 스트레스를 받고 있음에도 불구하고 가까운 사람이 도와달라고 부탁하면, 차마 부탁을 거절하지 못하고 그 사람을 돕기 위해 자신을 희생하는 경우가 많다. 따라서 ISFJ는 자신의 감정을 소중하게 여기고 이를 다른 사람에게 당당히 표현하는 것을 훈련해야 한다. 그렇지 않으면, ISFJ는 주변 사람들에 의해 자신을 잃어버리고 말 것이다. 특히, 돈 꿔달라는 부탁은 확실히 거절하는 연습을 해야 한다.

출생순위로 살펴보는 ISFJ

첫째 ISFJ

세심하고 책임감 강한 ISFJ의 성격이 첫째로 태어난 경우, 집에서 따뜻한 리더의 역할을 할 것이다. 위로는 부모의 가르침을 잘 따르고, 아래로는 동생들의 어려움을 도와주려 한다. 예를 들어, 첫째 ISFJ가 집안일을 주도적으로 맡거나, 동생들의 과제를 도와주는 모습에서 드러난다. 가족 구성원들에게 모범이 되어, 무엇이 좋고 무엇이 나쁜지를 이해하고 행동하는 방법을 보여준다.

중간 ISFJ

중간으로 태어난 ISFJ는 가족 구성원들에게 깊은 애정과 관심을 보이며, 가족 간의 갈등을 잘 조정한다. 자신이 주목받지 못한 것에 서운해 하기보다는 가족의 공동체를 유지하는 것에 더 큰 의미를 두며, 가족 간의 불화를 중재하며 화합을 도모한다. 중간 ISFJ는 주로 첫째를 잘 받쳐주는 서포터 역할을 수행하며, 막내에게도 편한 상대가 되어준다.

막내 ISFJ

막내 ISFJ는 가족 내에서 가장 사랑받는 존재로 자신이 받은 사랑을 가족 중 돌봄이 필요한 사람에게 애정을 쏟는다. 막내 ISFJ는 가족에게 협력적인 태도를 보이며, 부모와 형제들의 마음을 잘 이해하고 위로하는 역할을 자주 맡는다. 그러나 막내 ISFJ가 내향성이 너무 강한 경우, 외향성이 강한 가족 내에서 수동적인 태도가 강화되기도 한다. 이를 방지하기 위해서는 다른 가족 구성원들이 섬세하게 ISFJ의 의견을 묻고 대답을 듣는 과정을 꼭 해야만 한다. ISFJ는 묻지 않으면 의견을 밝히지 않는 경우가 많고, 평소 '사람들이 좋은 게 좋은 거지'라며 자신의 감정을 숨길 때가 많기 때문이다.

외동 ISFJ

외동 ISFJ는 부모와의 직접적인 관계를 통해 정신적으로 빠르게 성숙한 모습을 보인다. 어릴 때부터 부모를 도우려 하고, 부모를 도왔던 것처럼 친구나 연인을 돌보려 한다. 외동 ISFJ는 형제가 없어도 친구들과의 관계에서 공동체 의식을 가지고 있고, 자신의 소중한 사람들을 위로하고 돕는 것을 가치 있게 여긴다.

———

ISFJ에게 연애는 신중하면서도 천천히 진행하는 것

ISFJ는 신중하면서 신뢰할 수 있는 연인으로, 사랑에 있어서도 그러한 태도를 유지한다. 당신을 처음 만났을 때부터 지금까지 친절한 태도를 유지하고 있지만, 그것과 별개로 자신의 감정 표현에 신중하기 때문에 당신과의 연애를 천천히 시작할 가능성이 높다. 금사빠는 ISFJ의 연애 스타일과는 정반대다. 오히려 ISFJ와의 연애는 '가랑비에 옷 젖는 줄 모르고 천천히 진행되는 것'이라는 표현이 어울린다. ISFJ는 연애를 시작하기에 앞서, 자신의 감정에 대해서 신중하게 생각하면서도 동시에 당신이 신뢰할 수 있는 사람인지, 자신이 헌신해도 괜찮은 사람인지 알고 싶어 한다. 그래서 연애를 본격적으로 시작하기에 앞서 ISFJ에게는 당신을 알아갈 시간이 필요하다.

ISFJ에게 가벼운 연애란 존재할 수 없다. ISFJ는 신중하게 연애를 시작하기 때문에 지난 연애로 인한 상처를 잘 잊지 못한다. 상처가 깊을수록 다음 연인을 만나는 것에 피로감을 느끼고 혼자 있는 시간을 길게 갖는 경우도 많다. 그런 마음 한편, 외로움으로 힘들어하지만, 그 마음을 사람으로 치유하기보다는 자신이 완전히 준비될 때까지 기다린다.

당신이 ISFJ에게 반했다면, 그건 아마도 ISFJ의 섬세함과 따뜻함 때문일 것이다. ISFJ는 당신이 뭘 물어봐도 친절하게 설명하고, 당신에게 도움이 필요할 때 당신을 돕기 위해 발 벗고 나선다. 만약 당신이 어려운 시기를 보내고 있다면, ISFJ는 당신이 괜찮아질 때까지 당신을 위로해 줄 것이다. 당신을 위로하기 위해 자신이 할 수 있는 최대치의 달콤한 단어를 쓰거나 유머를 구사해, 당신의 기분이 전환될 수 있게 한다.

그런데 ISFJ는 당신이 아니라, 누구에게도 싫은 소리를 잘하지 못한다. 부탁을 받으면 거절하지 않고 최선을 다하면서 정작 ISFJ는 다른 사람에게 부탁하지 못하고 혼자 처리하려 한다.

주변에서 착하고 친절하다는 이야기를 자주 듣지만 속은 썩어 문드러져 가는데, ISFJ를 관심 있게 바라보는 당신 빼곤 아무도 눈치채지 못한다. 당신은 ISFJ에게 다른 사람에게 하듯이 자신에게도 다정할 필요가 있으며, 사람들이 알아주지 않아도 ISFJ 자신의 감정이나 욕구 또한 드러낼 필요가 있다는 것을 상기시켜야 한다.

ISFJ는 전통적인 가치를 중요시하고 연애에서도 변화보다는 안정과 보호를 추구한다. 그렇기 때문에 당신에게도 전통적 가치를 중요시하기를 원할 때가 있다. 만약 당신이 개방적이고 진보적이라면, 이런 ISFJ와 가치관이 충돌한다고 여길 수 있다. 당신과 뭔가 다르다고 여길 때에는 ISFJ에게 당신의 생각과 감정을 솔직히 전달하는 것이 좋다. ISFJ는 이를 존중하고 당신을 이해하려고 노력할 것이기 때문이다. 평소에도 ISFJ는 자신과 생각이 다른 사람에 대해서 비난하기보다는 이해하려고 노력하는 편이며, 이는 당신과의 갈등을 해결할 때도 마찬가지로 적용된다. 또한, ISFJ는 함부로 약속하지 않으며, 한 번 약속하면 그것을 꼭 지키려고 노력한다. ISFJ는 자신이 내뱉은 말을 행동으로 이행하려고 최선을 다하기 때문에 당신과의 갈등 상황에서 ISFJ가 했던 약속은 신뢰해도 좋다. 다만, 이는 ISFJ가 당신에게도 기대하는 것이니, 서로 신뢰를 쌓기 위한 행동을 보여줘야 한다. 이런 신뢰를 쌓는 과정을 통해 당신과 ISFJ는 '운명 공동체'가 되어, 누구보다 서로를 깊게 이해하는 관계가 될 것이다.

ISFJ와의 데이트는 눈 오는 겨울, 따뜻한 난로 앞에서

ISFJ는 안정적이고 편안한 환경에서의 데이트를 선호한다. 사람들이 너무 많고 소음이 상당한 곳에서는 ISFJ는 불안을 느끼고 빨리 이곳을 벗어나고 싶어 할 것이다. ISFJ에게 불확실성과 통제 불가능한 상황은 견디기 어렵다. 그러나 ISFJ가 매번 똑같은 곳을 선호한다거나 항상 안정지향적인 곳을 원하는 것은 아니니, 가끔은 평소에 ISFJ가 생각지 못한 곳으로 당신이 이끄는 것도 좋아할 것이다.

ISFJ는 데이트 계획을 세우는 것을 좋아하며, 상대방이 편안함을 느끼도록 노력한다. 그는 상대방이 어떤 음식을 좋아하는지, 어떤 장소에서 편안함을 느끼는지 등을 세심하게 기억해서 당신이 좋아할 만한 곳을 찾아 데이트할 것이다.

당신이 ISFJ의 취향과 비슷하다면, ISFJ는 편안한 분위기에서 대화할 수 있는 조용한 카페로 당신을 안내할 것이다. 조용한 카페에서 커피를 음미하며 당신과 일상을 나누는 것이 ISFJ가 꿈꾸던 행복이다. ISFJ의 행복은 소소한 편으로, 당신과 함께 공원을 걷는 것에서도 행복을 경험한다. 또한, ISFJ는 무언가 만드는 것을 좋아하는 편으로, 집으로 당신을 초대해서 직접 요리를 해줄 수도 있다. 당신과 함께 식사를 준비하고 음식을 즐기는 과정은 ISFJ에게 의미 있는 시간이 된다.

당신과 ISFJ의 연애가 장기적으로 이어지면, ISFJ는 당신과 같은 공간에서 서로 다른 걸 하는 것에도 안정감을 느낄 것이다. ISFJ는 식물에 물을 주고, 당신은 책을 읽고. 각자 집중하던 것에서 벗어나면, 서로가 방금까지 했던 활동에 대해 편하게 이야기를 나눈다. 서로 소소하게 이야기 나누고, 삶을 공유하는 것에 ISFJ는 큰 가치를 부여한다.

연령대별 ISFJ 특성과 연애 공략법

20대 ISFJ

청년기의 ISFJ는 자신의 역할을 발견하고, 타인을 돕는 데 필요한 능력과 지식을 발전시키는 데 집중한다. ISFJ는 학교나 직장 내에서 친밀한 관계를 갖는 것을 선호하며, 학생회의 사회봉사 위원회 등의 활동을 통해 동료들과 친밀한 관계를 유지한다. 물론, 시기적으로 누구나 청년기에 안정감을 느끼기 어렵지만, ISFJ는 자기 삶에 안정감과 균형을 유지하는 것을 중요하게 생각하기 때문에 이를 위한 계획을 세운다. 당신이 ISFJ와 만남을 지속하고 싶다면, 늘 말없이 주위 사람들에게 헌신하는 ISFJ를 당신이 나서서 도와주는 것이 효과적이다.

30대 ISFJ

30대에 접어들면, ISFJ는 그들의 삶에서 중요한 가치와 목표를 확립하는 데 집중하며, 자기 일과 가치 사이에서 깊은 연결감을 느끼기를 원한다. 이 시기의 ISFJ에게는 커리어를 인정받는 것이 중요하기 때문에 당신이 ISFJ와 특별한 관계가 되고 싶다면, ISFJ와 ISFJ가 하는 일에 대해 이야기하면서 가치를 공유하는 것이 좋다.

40대 ISFJ

40대의 ISFJ는 삶에 있어 안정감을 느끼게 되고, 삶에서 중요한 가치와 사람들에 대한 깊은 이해를 갖게 된다. 특히 가족과 친구들에게 신뢰할 수 있는 사람이 되는 것을 중요하게 생각한다. 당신이 40대 ISFJ를 좋아한다면, ISFJ의 노력과 헌신적인 점을 인정하고, ISFJ가 다른 사람을 돕는 것을 가치 있게 여기며 함께 같은 곳을 바라보고 있음을 보여주는 것이 필요하다.

ISFJ를 사랑하는 당신을 위한 조언

- ISFJ가 당신을 사랑한다면, 당신이 지치거나 슬퍼할 때 당신 곁에서 힘이 되어주려고 노력할 거예요. 힘들 때 곁에 있는 사람이 진짜라 그러잖아요? ISFJ는 말보다는 행동으로 당신에 대한 마음을 전하는 거예요.

- ISFJ가 때로 자신의 감정을 엄청난 힘으로 누를 때가 있어요. 자신이 힘들어도 주변 사람들에게 도움이 되고 싶을 때나, 자신의 감정을 어떻게 표현해야 할지 모를 때 그래요. 당신이 "어떻게 표현해도 괜찮다"라고 말하면 힘을 얻을 거예요.

- ISFJ는 화려한 연인은 아니지만, 소소하고 행복하게 당신을 지켜주는 연인이에요. 당신의 삶이 오래 빛나길 원한다면, 은은하게 매력적인 ISFJ가 딱이네요.

4장

더 나은 세상과
우리의 성장을 원해

ENTJ, ENFJ
INTJ, INFJ

사랑에도 로직이 필요한
ENTJ

"이상하게 난 자꾸 네 앞에서만 약해져."

#이성적인전략가 #미래지향적리더
#경쟁하이에나 #감정기능은고장

무대 위에서 빛나는 화려한 아이돌들. 많은 사람은 아이돌을 보며, '나도 저렇게 무대 위에 서고 싶다'고 바랄 것이다. 그러나 ENTJ는 '나도 저렇게 무대 위의 사람들이 빛날 수 있게 만들고 싶다'고 생각한다. ENTJ는 뛰어난 리더십을 발휘하며, 사람들을 이끄는 것을 좋아하기 때문에 빛나는 당사자가 되기보다는 빛나는 사람과 상황까지도 만들고 싶은 것이다.

ENTJ, 목표 달성을 추구하는 이성적인 전략가

ENTJ는 타고난 리더로, 사람들과 함께 일을 하다 보면 처음에는 의도하지 않았더라도 결국엔 리더 역할을 맡게 된다. ENTJ는 구체적인 목표를 세우고, 그 목표를 달성하기 위해 필요한 계획을 세우는 데 능숙하기 때문이다. ENTJ는 미래를 향한 전략적 사고를 가지고 있으며, 미래를 예측하고, 그에 따른 계획을 세우는 것을 좋아한다. 미래의 모든 가능성을 고려하고, 그에 따라 자신의 전략을 세우는 것을 즐기며, 때때로 불확실성을 즐기기도 한다. 마치 불확실한 미래와 한판 바둑을 두는 느낌이다. 어떤 일을 계획하고 실행할 때 자신이 예상치 못한 불확실한 것을 만나면 즐거워하며 그 불확실함을 확실한 것으로 만들고 만다. ENTJ에게는 머릿속에만 있던 이상적 세계를 현실로 만들 수 있는 계획력과 추진력이 있으며, 마침내 다른 사람들도 ENTJ가 만들고 싶어 했던 세계를 눈앞에 목격했을 때 엄청난 성취감과 희열감을 느낀다. 그날을 위해 팀을 구성하고, 팀에게 비전을 제시하며 이끄는 거라 할 수 있다. ENTJ는 세상에 변화를 이끄는 주체이다.

ENTJ는 팀원들 사이에 의견 차이 등의 문제가 발생했을 때도 ENTJ가 나서서 통솔력을 발휘하여 팀원들에게 공동의 목표를 상기시키며 문제를 해결한다. ENTJ가 가장 중요하게 생각하는 것은 목표 달성이며, 이를 위해 자신과 팀원들을 적절히 통제한다.

그러나 ENTJ가 사람들과의 관계에서, 자신의 의견을 뚜렷하게 표현하고 문제를 해결하는 데에는 능숙한 반면에, 감정적인 문제나 주관적인 문제를 이해하고 공감하는 데에는 어려움을 겪는다. ENTJ는 자신의 의견이 옳다고 믿고, 그것을 주장하는 과정에서 다른 사람들의 의견을 무시하거나 가볍게 여기는 경향이 있다.

특히 정서에 관련된 문제, 주관적 관점에 대해 이야기할 때 문제 된다. 예를 들어, 친구가 감정적인 문제로 고민을 털어놓았을 때, ENTJ는 객관적인 해결책을 제시하려는 경향이 있다. ENTJ는 친구의 감정적인 문제를 논리적으로 해결하려고 하기 때문에, 때때로 친구의 감정을 완전히 이해하지 못하거나 공감하지 못하게 된다. 이는 친구가 감정적인 지원을 원할 때, ENTJ가 그것을 제공하지 못할 수 있다는 것을 의미한다. 또한, ENTJ를 아끼는 주변 사람들과의 관계에서 이와 같은 문제가 반복적으로 발생했을 때, ENTJ에게서 사람들이 등을 돌리는 원인이 되기도 한다. 그렇기 때문에 ENTJ는 정서와 관련된 주제에 대해서 이해하려는 노력이 반드시 필요하며, 자신과 견해가 다른 사람들의 의견을 틀렸다고 여기는 것이 아니라, 존중하는 태도를 가지고 경청하려고 노력해야 한다.

출생순위로 살펴보는 ENTJ

첫째 ENTJ

첫째로 태어난 ENTJ는 가족 안에서 자연스럽게 리더십을 발휘한다. 가족 내에서 주도적인 역할을 하며, 의견을 제시하고 자신의 의견을 다른 가족 구성원들, 특히 동생들이 따르게끔 만든다. ENTJ의 결단력 있고, 계획과 실행하는 능력이 뛰어난 것을 아는 가족들은 ENTJ가 하자는 대로 이끌려 가게 된다. 그런데 이 과정에서 자칫 다른 의견을 가진 가족 구성원과 크게 부딪칠 수 있으며, 특히 그 대상이 동생인 경우에는 동생의 의견을 미숙하다고 여기며 무시하기도 한다. 그렇기 때문에 첫째 ENTJ는 다른 ENTJ에 비해 가족 안에서 나이 어린 동생들의 의견을 들으려는 노력을 더 많이 해야 한다.

중간 ENTJ

가족 안에서 자신의 독립성을 유지하면서 가족 구성원 간 협력을 촉진하는 데 기여한다. 가족 안에서 어떤 문제가 발생했을 때, 누구보다 합리적이고 논리적으로 접근하여 실현 가능성이 높은 해결책을 내놓는다. 그러나 어떤 순간에는 문제의 당사자가 스스로 해결하기를 기다려야 할 때가 있는데, 그럴 때는 ENTJ의 행동이 오지랖이 되어 갈등을 점화하기도 한다. ENTJ는 해결책의 퀄리티를 높일 뿐 아니라, 자신 앞에 있는 사람에 대한 존중감을 가질 필요가 있다.

막내 ENTJ

막내로 가장 늦게 태어난 ENTJ는 성장 과정에서 자신보다 먼저 태어난 형제들의 시행착오를 보며 많은 것을 배우고, 그 과정에서 영리하게 자신만의 강력한 의지와 리더십을 개발한다. 따라서 막내 ENTJ는 다양한 관점을 이해하고 받아들일 수 있는 열린 사고방식을 가지게 된다. 그러나 막내라는 이유로 집 안에서 자주 자신의 의견이 무시되거나 덜 중요하다고 느껴지게 한다면, 가족 안에서는 막내 ENTJ의 장점을 보기 힘들 수 있다.

외동 ENTJ

외동 ENTJ는 자기 주도적이고 독립적이며, 자신만의 계획을 세우고, 자신의 목표를 향해 노력하는 능력이 뛰어나다. 그러나 워낙 자기주장이 강한 성향에 가족 안에서 협력을 해본 경험이 없어, 사회적 상황에서 동기들과 협력을 해야 한다거나 다른 사람의 입장을 고려하지 못해 갈등을 겪을 수도 있다. 지나친 경쟁심으로 어디에서도, 누구에게도 져본 적이 없지만, 같이 떡볶이를 먹거나 시답잖은 이야기를 나누며 친목을 다지는 친구가 없을지도 모른다. 따라서 외동 ENTJ에게는 누군가를 도와줄 때의 기쁨, 양보의 미덕을 깨닫는 과정이 꼭 필요하다.

ENTJ에게 연애는 견고한 동반자 관계를 구축하는 것

ENTJ는 논리적이고 목표지향적인 스타일로, 연애에서도 감정적인 동요가 아니라 논리적 판단에 큰 가치를 둔다. ENTJ 연인이 당신과의 관계에서 서로를 존중하는 것을 우선으로 하고 있고, 당신을 자신과 함께 동일한 목표를 향해 나아가는 동반자라 여긴다. 따라서 ENTJ는 당신과의 연애에 대해 진지한 태도로 임하며, 서로 성장을 도모해야 한다고 생각한다. 이는 ENTJ가 자신만 성장하는 것에 그치는 것이 아니라, 연인인 당신에게도 동일한 기회를 주며 당신의 성장을 위해 애쓴다는 것을 뜻한다. 당신과 ENTJ는 연애를 계기로 만난 공동 프로젝트팀과 같다.

당신이 ENTJ에게 반했다면, ENTJ의 뛰어난 리더십 때문일 것이다. ENTJ의 리더십은 일할 때뿐만 아니라 생활 전반에 걸쳐 드러나기 때문에, 당신은 ENTJ가 혼란스러운 세상의 나침반 같은 존재처럼 믿음직해 보였을 것이다.

ENTJ의 연애 스타일은 ENTJ의 뛰어난 리더십 스타일과 매우 비슷하다. 당신과의 관계에서 문제가 발생하면 바로 해결하려고 하고, 상황을 논리적으로 분석하여 가장 효과적인 해결책을 찾으려고 노력한다. 이런 모습에서 ENTJ가 당신과의 관계에서도 적극적이고 주도적인 역할을 하기를 선호한다는 것을 알 수 있다.

ENTJ의 리더십과 논리적 접근이 오히려 당신과의 관계에서 갈등을 유발하기도 한다. ENTJ는 가끔 사건을 논리적으로 분석하는데 심취하여, 그 사건 당사자들의 감정적인 면을 무시하거나 자신과 다르게 생각하는 사람들을 이해하지 못하고 자신의 관점을 고집할 때가 있는데, 당신과의 연애에서도 이런 특성이 드러나기 때문이다. 당신이 ENTJ에게 공감해 주길 바라거나 스스로 해결하기를 그저 기다려달라고 하면, ENTJ는 어찌해야 할지 몰라 당황할 것이다. 항상 논리적 해결책을 제시하고, 자신과 다른 사람들을 그 해결책을 통해 원하는 목표를 달성하게 하는 데에 익숙하기 때문이다. 그러나 ENTJ는 이런 갈등을 통해 감정의 중요성을 인정하고, 더 열린 자세로 상대방의 의견을 받아들일 필요가 있음을 깨닫게 된다.

ENTJ의 연애 스타일은 결국 사랑하는 사람들에게 독립적이고 강력한 존재임을 인정받기를 원하는 것을 반영한다고 볼 수 있다. ENTJ는 사랑하는 사람들이 그의 생각과 의견을 존중하고, 자신과 함께 성장하고 발전하려는 의지를 보여줄 때, 스스로가 가장 사랑받고 있다고 느낀다. 이것이 ENTJ 연인이 당신과의 연애에서 궁극적으로 원하는 것이다.

ENTJ와의 데이트는 지식과 통찰력을 향상할 수 있게

ENTJ는 당신과의 데이트에서 "언제 만나자, 어디로 가자"라고 먼저 권하는 사람이다. ENTJ는 보통 일적인 욕심이 강하기 때문에 당신과의 데이트에서는 휴식을 원할 수 있다. 그러나 워라밸이 어느 정도 이루어졌고, 당신과의 데이트에서도 의미를 찾고 싶어진다면, ENTJ는 당신과 지적인 욕구를 충족할 수 있는 곳으로 함께 가고 싶어 할 것이다. 도서관에 가서 책을 읽거나 당신과 서로의 관심 분야에 대해 지적인 토론을 하는 것을 즐거워한다.

ENTJ는 자신에게 새로운 정보를 제공하고 호기심이 자극되는 것을 좋아해서 여행을 간다고 하더라도 ENTJ는 그 지역에 유명한 박물관이나 미술관, 유적지 등이 있다면, 지적인 향유를 위해 그곳에 가고 싶어 할 것이다. 그리고 아는 것에 그치지 않고 당신과 지식을 주고받으며 깊이 있는 토론을 하기 원한다. ENTJ는 스스로에 대해서 통찰력이 있다고 생각하지만, 당신과의 대화에서도 당신만의 통찰력을 발견하고 그 점을 높이 살 것이다.

ENTJ는 새로운 것에 도전하고 경쟁하는 것에도 즐거워한다. 신체의 한계를 넘어서고 개선한다는 점에서 산악 트레킹, 사이클링, 카약, 클라이밍 등의 야외 활동을 좋아하기도 하고, 보드게임이나 컴퓨터로 하는 전략 시뮬레이션 게임 같이 전략적이고 경쟁해서 이기는 활동을 좋아한다.

만약 당신이 ENTJ와 같이 할 수 있는 취미를 갖고 싶어 테니스나 탁구를 하자고 하면, ENTJ는 매우 반길 것이다. 그러나 당신이 한 가지 알아둬야 할 점이 코트에 들어가는 순간, ENTJ는 먹이를 사냥하는 하이에나처럼 오직 승리를 위해 당신을 이겨 먹으려고 달려들지도 모른다. 이런 모습이 당신이 ENTJ에게 애정이 깊을 때는 어린아이와 같이 순수하다고 여기겠지만, 조금 애정이 덜할 때는 승리 때문에 연인이고 뭐고 눈 돌아간 것처럼 보일 수도 있다. 그러나 당신 또한 경쟁하는 것에 즐거움을 느끼는 사람이라면, 아주 흥미롭게 게임을 즐기는 모습에 다른 사람들이 ENTJ와 당신의 게임을 구경할지도 모른다.

연령대별 ENTJ 특성과 연애 공략법

20대 ENTJ

ENTJ는 대학이나 자신이 속한 공간에서 리더를 맡을 가능성이 높다. 감투를 쓰지 않더라도 ENTJ의 주도성과 목표 지향적인 성격으로 인해 자연스럽게 친구들 사이에서 리더 역할을 하게 된다. 20대의 ENTJ는 일반적으로 경력을 시작하거나 성장하는 단계에 있으며, 자신의 일에서 논리적이고 효율적인 방법을 찾고자 한다. 만약 당신이 20대 ENTJ에게 매력을 느낀다면, ENTJ의 야망이 너무 커 보이더라도 지지하고 ENTJ가 세운 목표를 달성할 수 있게 도와주는 것이 좋다. 또한, ENTJ와 함께 새로운 경험을 나누고, 그와 논리적인 대화를 즐기는 것도 추천한다.

30대 ENTJ

30대 ENTJ는 이 시기에 자신의 경력과 목표를 확실하게 세워나가며, 특유의 효율성 추구로 직장 내에서 빠르게 성장할 것이다. 또한, 성취욕이 강하고 경쟁적이기 때문에 ENTJ는 동기들보다 빠르게 진급할 가능성이 높다. ENTJ는 자신이 속해있는 팀을 항상 최고의 성과를 이룰 수 있도록 이끌며, ENTJ를 통해 회사나 팀원들이 자기 능력을 한 단계 업그레이드하며 장점을 재발견하기도 한다. 30대 ENTJ는 자신이 세운 계획으로 이해와 지지를 받고, 노력을 인정받는 것이 무엇보다 중요하게 느끼기 때문에 당신이 30대 ENTJ에게 다가간다면, 이러한 특성을 충분히 숙고하는 것이 좋다.

40대 ENTJ

40대의 ENTJ는 경력과 개인적인 성장에 있어서 일정한 성취를 이루었을 가능성이 높다. 이전까지 오직 성장을 위해 달려왔다면, 어느 정도 성취를 이룬 40대에 이르러서는 자신의 경험과 지식을 다른 사람들에게 전달하고 싶어, 업무 외에 가르치거나 공유하는 역할을 하는 경우가 많다. 따라서 당신이 40대 ENTJ와 친밀한 관계가 되려면, ENTJ의 성취를 인정하고 경험과 지식을 존중하는 것이 좋다. 또한, ENTJ와의 지적인 대화를 가치 있게 생각하는 것이 좋다.

ENTJ를 사랑하는 당신을 위한 조언

- 어디에서도 언제나 꿀리지 않는 ENTJ의 모습은 참 멋있죠. 그러나 연인이 된 ENTJ가 당신과의 사적인 대화에서 자꾸 고장 나는 모습을 보일지도 몰라요. ENTJ가 감정을 나누는 대화가 편하지 않아서 그런 거니깐 속상하다고 너무 ENTJ를 몰아붙이지 말아요. 잘못하면, ENTJ가 더 크게 화를 낼지도 몰라요.

- 당신이 선택의 갈림길에 있을 때 ENTJ는 가장 좋은 해결책을 제시할 거예요. 논리적인 근거를 들어 설명하니, 듣다 보면 설득이 되고 맙니다. ENTJ와 함께라면, 당신의 혼란은 아주 잠시일 거예요.

- ENTJ는 당신과 함께 성장하길 원해요. 독립적인 편이지만, 자신의 성장만을 위해 힘쓰지 않고 당신의 성장에도 힘이 되려고 노력할 거예요. ENTJ의 협력을 통해 당신도 역시 어제의 당신보다 좀 더 능력 있는 사람으로 느껴질 거예요.

사랑의 마법을 이해하는
ENFJ

"너와 행복할 수 있도록 노력할게."

#따뜻한치유의리더 #끈질긴이상주의자
#성장예찬론자 #칭찬은ENFJ도춤추게해

ENFJ는 기본적으로 따뜻하고 사교적인 태도로 다른 사람들을 대하며, ENFJ와 가까운 사람들은 ENFJ를 '친절하고 배려가 깊은 사람'으로 인식한다. ENFJ에 대한 이런 평가는 뛰어난 공감 능력으로 타인에 대해 깊이 이해하려는 노력에서 비롯되는 거라 할 수 있다. ENFJ는 자기 자신과 타인에 대한 깊은 이해와 감정적인 연결을 통해 원활한 인간관계를 추구하기 때문에 사람들과 깊게 교감하는 편이다. 또한, 그 교감을 통해 자신과 가까운 사람들이 개인적으로 성장하고 발전할 수 있도록 돕는 데 큰 가치를 둔다. ENFJ는 이러한 관계 중심의 접근 방식을 통해 커뮤니티를 구성한다.

___

ENFJ, 타인의 감정을 잘 읽는 따뜻한 치유의 리더

ENFJ에게는 가르치는 직업이 잘 어울린다. 만약 ENFJ가 교사라면 학생들에게 단순히 교과서에 있는 내용을 전달하는 것뿐만 아니라, 각 학생마다 가지고 있는 개성과 그에 따른 고민, 처한 상황, 현재 감정 상태 등을 이해하려 노력한다. 또한, 교실 안에서 자신이 가르치고 있는 학생들이 편안함을 느낄 수 있게 하며, 학생들에게 신뢰받는 교사이기 때문에 학생들 사이의 갈등을 해결하는 데에도 능숙한 편이다.

ENFJ가 중요하게 생각하는 것은 학생들이 서로 협력하고 존중하는 것이기 때문에 서로의 다름을 이해하는 방법을 가르치며, 학생들이 서로에 대해 배우고 성장할 수 있는 환경을 조성하기 위해 최선을 다할 것이다.

ENFJ는 다양한 사람들과 어울리는 것을 즐기며, 사람들과의 연결감을 통해 행복을 느끼는 평화주의자다. 또한, ENFJ는 언변이 뛰어난 편이어서 자신의 직관력을 사용하여 사람들 또한 행복하게 만들기 위해 노력한다. 그러나 과도하게 인간관계에 신경을 쓰고 사람들에게 도움이 되려고 할 때 문제가 발생한다. 자신이 속한 공동체를 위해, 혹은 다른 사람들의 행복이나 편안함을 위해 필요 이상으로 자신의 필요를 억압하고 희생하기도 하기 때문이다. ENFJ가 희생하고 있다는 걸 다른 사람이 눈치채는 것은 쉽지 않다. ENFJ는 사람들의 감정을 잘 읽는 만큼 다른 사람에게 자신의 감정을 잘 숨기기 때문이다. 또한, 타인에게는 관대한 편이지만 자신에게는 엄격한 편이어서, 홀로 골방에서 고통을 감당하고 사람들을 만날 때는 매번 괜찮다고 웃는 편이다. 다른 한편, ENFJ는 다른 사람의 필요에 민감하게 반응해서 관계를 초월하여 '오지랖'을 부려, 자신의 의도와는 다르게 상황을 악화시킬 때도 있다.

ENFJ는 이상적인 세계에 대한 비전을 설파하는 리더형으로, 자신과 함께 일하는 사람들이나 측근들이 자신과 함께 뜻을 같이 하지 않으면, 크게 상처 받고 꽤 오랫동안 상처 받은 모드를 유지한다. ENFJ는 혼자 '아직 오지 않는 미래'에 가는 것을 원치 않으며, 자신의 동료와 함께 걸어가길 바라기 때문이다. 그러나 이상을 실현하는 과정에서 벌어질 수밖에 없는 비판과 우려에 매우 민감해, 그런 비판을 피하려다가 오히려 일을 망치기도 하고, 사람들에게 받은 상처를 오래 잊지 않아 자신이 중요하게 생각하는 인간관계를 망쳐버리기도 한다. 그렇기 때문에 ENFJ는 사람들에게 받는 상처에 대해 자신의 민감성을 점검할 필요가 있다.

출생순위로 살펴보는 ENFJ

첫째 ENFJ

리더십과 책임감이 강한 ENFJ가 첫째로 태어났다면, 딱 맞는 옷을 입은 것과 같다. 첫째 ENFJ는 부모와 동생들 사이에서 가교 역할을 충실히 하며, 동생들의 잠재력을 최대한 발휘하도록 격려하는 것을 좋아한다. ENFJ는 동생들에게 모범이 되고 싶어 하기 때문에 동생들이 자신의 행동에 영향을 받을 것을 신경 쓰며, 자신의 욕구를 통제하려 한다. 그러나 자칫 가족의 인정을 과도하게 신경 쓰다 보니, 가족의 눈치를 보며 너무 많은 책임을 떠맡아 스트레스를 받기도 한다.

중간 ENFJ

중간 ENFJ는 가족 안에서 부모-자식, 형제들 관계에서 중재자 역할을 수행하기 때문에 상황에 따라 유연하게 대응하는 능력을 갖게 된다. ENFJ의 공감 능력은 가족 구성원들의 다른 입장을 깊게 이해하는 것으로 이어지고, ENFJ는 가족의 화합을 위해 이 공감 능력을 활용하여 갈등을 해결하곤 한다. 그러나 가족들이 자신의 헌신을 알아주지 않는다고 여기면, 혼자 부정적 감정을 크게 키울 가능성이 있다.

막내 ENFJ

막내 ENFJ는 ENFJ의 매력적이고 친화력 있는 성격이 부각될 때가 많다. 사교성과 감정을 세심하게 인식하기 때문에 주변 사람들과 쉽게 친분을 쌓는다. 막내 ENFJ는 자신보다 손윗사람들인 가족 구성원들에게 활력과 에너지를 제공하며, 가족 모임이나 모임에서 재간둥이를 담당한다. 가족을 즐겁게 하는 것도 좋지만, 자신의 감정 또한 충분히 살피는 것이 필요하다.

외동 ENFJ

자기 주도적이고 독립적인 편이다. 외동 ENFJ는 자신의 일에 대한 책임감을 갖고, 목표를 달성하기 위해 필요한 계획을 세우는 데 능숙하다. 그런 한편, ENFJ는 뛰어난 공감 능력과 타인에 대한 높은 이해로 주변 사람들과 깊이 있는 관계를 추구하려 한다. 관계를 중시하는 ENFJ가 외동인 경우, 때때로 자신이 혼자라는 느낌에 외로움을 느낄 수 있다.

ENFJ에게 연애는
사랑이라는 깊이 있는 감정을 탐구하는 것

ENFJ는 연인에게 진심을 다하며, 사랑하는 사람을 위해 많은 것을 희생할 준비가 되어 있다. 당신이 힘든 시기를 겪고 있다면, ENFJ는 어두운 바다의 등대와 같이 한 치 앞도 보이지 않는 망망대해에서 당신이 길을 찾을 수 있도록 빛이 되어주려

한다. ENFJ 또한 힘든 시기를 겪을 때 자신이 했던 것처럼 당신에게서 위로를 바랄 것이다. 만약 당신이 ENFJ만큼 타인의 감정에 민감하지 않다면, ENFJ가 보내는 신호를 알아채지 못할 수 있다. 그럴 때 ENFJ는 당신이 자신처럼 민감하게 알아채주지 못하는 것에 서운함을 크게 표현하는데, ENFJ의 원망에 당신이 말려들면 갈등이 심해진다. ENFJ가 원망할 때는 '나를 알아줘'라는 메시지를 보내는 것으로 생각하고, 당신이 ENFJ의 메시지를 반만 듣고 흘리면서 조금 침착하게 반응하는 것이 좋다.

그러나 대부분의 시간, ENFJ는 당신에게 따뜻하고 친절한 연인이다. 당신이 고민을 털어놓았을 때 진심으로 당신이 괜찮아지길 바라며 이야기를 듣고 같이 해결책을 강구할 것이다. 당신이 아프면, 당신을 돌보기 위해 애쓸 것이다.

당신이 ENFJ에게 반했다면, 사람들에게 서슴없이 다가가 얼마 안 가 자신의 편으로 만드는 놀라운 사교력 때문일 것이다. 당신이 ENFJ와 처음 만났을 때를 떠올려보면, ENFJ가 당신에게도 굉장히 호의적인 태도로 접근했으며, 당신의 호감을 사기 위한 여러 노력을 했을 것이다. 이것은 ENFJ의 엄청난 재능이며, ENFJ가 자신의 경험을 확대하는 데 큰 발판이 된다.

ENFJ와 당신이 연인으로서 가장 좋은 것은 서로의 성장과 발전을 중요하게 생각하는 점이다. ENFJ는 당신에게서 가장 좋은 면을 발견해서 더 긍정적으로 확대시켜 성장할 수 있게 돕는 놀라운 능력을 가지고 있다. 당신 또한 ENFJ의 성장을 돕게 되며, 서로가 관계 속에서 더 나은 자신을 발견하게 된다.

이를 위해 ENFJ는 당신과의 갈등 상황에서도 서로 다른 견해를 이해하고 타협하는 방법을 모색한다. 당신과의 논쟁에서 감정적으로 반응하기 보다는 당신의 감정을 있는 그대로 받아들이고, 문제를 해결하기 위한 가장 합리적인 방법을 찾으려 한다. 그러나 이를 당신이 받아들이지 않고 반복적으로 부딪칠 경우에는 당신에 대한 이해를 철회하고, 등을 돌릴 위험이 높다. 당신과 ENFJ 연인이 갈등 상황을 효과적으로 벗어나기 위해서는 갈등을 회피하려고만 하지 않고 충분히 서로의 입장에 대해 이야기하는 것이 반드시 필요하다. 그렇지 않으면, 불필요한 감정 소모전이 꽤 길어질 수 있기 때문이다.

ENFJ에게 무엇보다 당신은 특별한 존재이다. 관계를 소중하게 여기는 ENFJ는 연애에 큰 가치를 두고 있어, 당신과의 관계에서 누구보다 깊은 감정을 체험한다. ENFJ에게 연인은 세상에서 단 하나 밖에 없는 존재로, 어떤 상황에서도 자신의 편이 되어주길 바란다. 그렇기 때문에 ENFJ는 당신과의 연애를 아주 특별한 경험으로 만들기 위해 최선을 다할 것이며, 더 깊은 관계에서는 자신과 당신의 행복을 삶의 목적으로 삼을 것이다.

ENFJ와의 데이트는 세상을 더 이롭게 할 수 있게

ENFJ는 타인을 돕는 것을 좋아하기 때문에 도움이 필요한 사람들을 돕는 활동을 좋아한다. 당신과 함께 봉사단체에 가입해서 자원봉사 활동을 하는 것을 좋아할 수 있고, 자신의 지식을 필요한 사람에게 나누는 교육 활동이 될 수도 있다. ENFJ는 자신이 생각하는 세상을 더 이롭게 하는 활동에 당신도 함께 하는 것을 가장 원하겠지만, 당신이 함께 하지 않는다 하더라도 자신의 가치관을 존중하고 자신을 이해하길 바랄 것이다. ENFJ는 당신이 자신을 진심으로 이해하기 위해 노력하는 것을 매우 중요하게 여긴다. ENFJ는 당신에게서 칭찬 듣는 걸 좋아해서, 어떤 순간에는 정말 어린애에게 하듯 '우쭈쭈, 우리 애기 최고다' 정도의 무조건적인 칭찬을 바랄지도 모른다.

ENFJ는 서로의 생각과 감상을 나누고 당신과 깊은 이야기를 나누는 것을 좋아하는데, 그러기 위해 함께 무언가를 배우는 것을 추천한다. 실제로 어떤 것을 배울지는 ENFJ 연인과 당신이 의논해서 결정하면 되는 것으로, 사실 어떤 걸 배울지 보다는 함께 배운다는 그 행위 자체가 중요하다. 서로 함께 재밌고 유익한 시간을 보냈다면, 그때 함께한 그 시간이 값진 것이다. 만약 함께 어떤 것을 배우는 게 좋을지 하나만 선택해야 한다면, ENFJ는 자신의 감성을 자극할 수 있는 활동으로 선택할 가능성이 높다.

ENFJ는 당신과의 데이트를 특별하게 만들기 위해 한 번도 가보지 않은 새로운 곳으로 가자고 할 때가 종종 있을 것이다. 지금 화제가 되는 맛집이 될 수도 있고, 아무도 모르지만 굉장히 아름다운 휴양지가 될 수도 있다. ENFJ는 당신도 기뻐하길 바라며, 당신의 격렬하게 기쁜 리액션을 기대할 것이다.

연령대별 ENFJ 특성과 연애 공략법

20대 ENFJ

학교나 직장에서 핵인싸인 경우가 많다. 청년기는 에릭슨의 심리사회적 발달이론에서 친밀감을 추구하는 단계이며, 관계를 중시하는 ENFJ에겐 더욱 그렇다. ENFJ는 사회적 활동에 많은 에너지를 소비하며, 다양한 분야의 사람들을 만나기 위해 여러 시도를 한다. 두세 개의 동아리 활동에 참여하는 것은 기본, 사회봉사 활동 등을 통해 다른 사람들과의 연결감을 느끼고 싶어 한다. 20대 ENFJ를 사로잡기 위해서는 당신이 ENFJ가 가는 곳에 있어야 하고, ENFJ가 관심 있어 하는 이슈에 대해 이야기하는 것이 좋다.

30대 ENFJ

30대에 ENFJ는 여전히 사회적인 활동을 즐기지만, 무엇보다 직장이나 가족 등 더 구체적인 사람들이나 그룹을 위해 노력하고, 이들을 위한 변화를 만들어나가는 데 집중한다. 자신과 가까이 있는 사람들에게 자신의 가치관과 목표를 알리고, 그것에 동참하기를 바라며 협조를 구한다. 30대 ENFJ는 업무적 성과를 올리는 데도 최선을 다하며, 일에서 자신의 능력을 증명하고자 하기 때문에 당신이 이를 칭찬해 준다면, ENFJ는 당신을 좀 더 알기 위해 눈을 빛낼 것이다.

40대 ENFJ

40대 ENFJ는 자신의 지식과 경험을 공유하며 자신의 속한 분야에서 더 큰 영향력을 행사하고 싶어 한다. 40대 ENFJ는 적극적으로 사회에 기여하고, 자신의 전문성을 활용하여 다른 사람들을 지도하거나 교육하는 데 중점을 둔다. 당신이 ENFJ가 추구하는 목표를 지지하는 모습을 보여준다면, ENFJ는 당신에게서 특별한 무언가를 찾으려 할 것이다.

ENFJ를 사랑하는 당신을 위한 조언

- ENFJ는 다정하고 당신을 이해하려 애쓰지만, 자신 또한 인정받고 존중받는 것을 매우 중요하게 생각해요. 그렇기 때문에 ENFJ에게는 칭찬을 아끼지 않는 것이 좋아요. 당신이 ENFJ에게 칭찬을 아끼지 않는다면, ENFJ 또한 당신을 긍정적으로 보고 당신과의 더 괜찮은 미래를 꿈꿀 거예요.

- ENFJ는 직업을 고를 때에도 자신의 이상을 실현할 수 있는 것으로 고를 거예요. 어떨 때 보면, ENFJ는 현실을 잘 보지 못하고 올지 안 올지 모르는 미래에 대해 이상적으로만 보는 것 같아요. 그러나 가장 최선을 생각하고 그것에 대해 준비하며 계획하는 것이 ENFJ의 특징이에요. 만약 이상이 좌절되더라도 ENFJ를 타박하기보다는 응원해 주는 것이 필요해요. ENFJ는 이상을 실현하는 사람이거든요.

- ENFJ는 자신이 다른 사람과 연결되어 있길 바라기 때문에 다른 사람을 돕는 것을 의미 있게 생각해요. 자신이 누군가에게 도움이 되었다는 게 ENFJ가 스스로를 괜찮게 생각하게 하고, 자신 또한 위기에 처했을 때 누군가에게 도움을 받을 수 있다는 생각에 안심이 되거든요. 가끔 오지랖이 넓다 느껴져도 그러려니 하세요.

얼음 같은 몸 안에 불을 품고 있는
INTJ

"널 사랑하기 때문에 할 말이 있어."

#마이웨이근성 #독립성끝판왕
#사회성부족한완벽주의 #감정기능고장난로봇

INTJ는 독립적이고 명확한 목표를 설정하며, 그 목표를 향해 단계적으로 나아가는 것을 선호한다. INTJ는 뛰어난 분석력과 전략적 사고 능력을 갖추고 있으며, 자신의 아이디어를 구체화하는데 탁월하다. 예를 들어, 회사에서 기획을 해야 하는 상황이라면, INTJ는 뛰어난 전략적 사고 능력을 발휘하여 철저한 분석과 명확한 행동계획을 세워, 자신의 아이디어를 구체화할 것이다. INTJ는 계획을 세울 때 실패의 가능성까지 고려하여 몇 가지 대안을 마련하여 궁극적으로 자신이 목표한 것을 이루기 위해 결단력 있게 나아간다.

INTJ의 분석과 계획, 추진 능력은 타의 추종을 불허하며, 평소 자신을 드러내려고 하지 않기 때문에 그 진가가 천천히 드러나는 편이다. INTJ는 다른 사람의 눈에 자신이 어떻게 비치는지 신경 쓰기보다는 자신이 하고자 하는 일, 자신의 목표 달성에 집중한다. INTJ는 매우 어려운 과제 앞에서도 자신감을 유지하며 문제 해결을 위해 끊임없이 노력하기 때문에 때론 자신도 예상치 못했던 엄청난 성과를 이루기도 한다.

INTJ, 묵묵히 진지하게 걷는 마이웨이 로봇

INTJ는 타인의 인정에 크게 신경 쓰지 않고, 스스로 세운 기준을 충족시켰는지가 더욱 중요하다. INTJ는 자신이 무능하게 느껴지는 것을 극도로 싫어하기 때문에 하나를 파고들면 끝까지 해내고 만다. 그러나 가끔 INTJ의 고집이 지나쳐, 가까운 사람들의 조언을 귀담아듣지 않을 때가 있다. 조언하는 사람들에게 INTJ는 논리로 무장해 반박하며, 자신의 뜻을 끝까지 굽히지 않는다. 이럴 때 INTJ는 유연함을 잃어버리고 한 가지에 몰두하는 '로봇'처럼 보이기도 한다.

INTJ를 차갑게 보는 사람도 많지만, INTJ는 자신을 이해하고 가치를 공유하는 소수의 사람에게는 매우 헌신적이며, 이러한 관계에서 어디서도 보이지 않았던 열정과 애정을 자신만의 방식으로 표현한다. 그러나 INTJ는 감정적 소통에 어려움을 느끼고, 대화가 길어지면 자꾸 논리적으로 접근하며 해결을 제시하려 하기 때문에 INTJ의 도움이 되려는 의도와는 다르게, INTJ와 가까운 사람들은 자신의 감정이 무시되는 것 같아 서운함을 느낀다.

또한, INTJ는 내성적인 데다가 문제 해결 중심의 의사소통을 즐기기 때문에 자신의 감정을 털어놓는 데에도 어려움을 느낀다. 때문에 INTJ의 주변 사람들은 안타깝게도 INTJ에 대한 오해를 키워나갈 위험이 있다. 그렇게 되면, INTJ는 외부로부터 자신을 단절시켜 고통스럽더라도 고립을 선택할 것이다. 따라서 INTJ는 자신이 감정적 소통의 필요성에 대해 인식하고, 유려하진 않더라도 솔직하게 자신의 느낌과 감정을 있는 그대로 표현하는 연습이 필요하다.

INTJ의 세계는 복잡하고 깊이 있지만 동시에 매우 흥미롭고 놀라운 것들로 가득 차 있다. 현실에서는 그 세계에 논리적으로 접근하며, 이를 INTJ 특유의 성실함과 꾸준함으로 머릿속에만 있던 이상적 세계를 현실에 구현하기 위해 최선을 다한다. 세계를 변화시키는 주체라 할 수 있다.

출생순위로 살펴보는 INTJ

첫째 INTJ

첫째로 태어난 INTJ는 태어날 때부터 또래보다 성숙하고 독립적인 경향이 있다. 부모가 첫째 INTJ를 봤을 때, 혼자서도 알아서 하는 아이로 느껴진다. 첫째 INTJ는 가족 안에서 조용히 리더십을 발휘하는 데 능숙하며, 목표 지향적이고 체계적이어서 부모 대신에 동생들을 훈육하기도 한다. 동생들도 첫째 INTJ 를 부모보다 더 따르기도 하는데, 가끔은 첫째 INTJ 스스로 지나친 완벽주의로 동생들에게 자신의 높은 기대치를 강요하다가 갈등이 발생할 위험이 있다. 첫째 INTJ에게는 '좋은 게 좋은 거지'라는 말은 헛소리로 보이며, 정확한 목표와 목표에 대한 단계적 실행, 그리고 매일의 노력이 없이 얻을 수 있는 결과는 없다고 생각한다. 그렇기 때문에 실패에 매우 취약하며, 자신을 불태울 것처럼 올인하기도 한다. INTJ는 완벽하지 않아도 좋다는 것을 경험하고 여유를 가질 필요가 있다.

중간 INTJ

중간 INTJ는 다른 사람들의 시각을 이해하고, 문제를 중립적인 시각에서 볼 수 있는 능력을 갖추고 있다. 부모가 중간 INTJ 에게 양보를 바라면, 오히려 INTJ의 독립성이 자극되어 개인적인 공간의 필요성, 통제력을 찾고 싶은 욕구를 더 강하게 느낄 것이다. 독립성이 보장되지 않으면 INTJ는 에너지를 잃고 가족 안에서 자신의 의견을 피력하는 게 어렵고 오로지 갈등을 피하는 데에만 초점을 맞추며, 가족 내에서 자신의 역량을 발휘하지 못해 스스로 저평가할 위험이 있다. 중간 INTJ에게는 무엇보다 안전한 독립성 보장이 우선이다.

막내 INTJ

막내로 태어난 INTJ는 자유분방하고 창의적인 편이다. 막내로 태어나 자연스럽게 주변 사람들로부터 많은 관심을 받으며, 이러한 관심은 INTJ가 스스로 독립적이고 창의적인 면모를 개발하는 데 도움이 된다. INTJ는 종종 자신만의 독특한 아이디어를 시도하고 실현하는 것을 즐기며, 예상치 못한 성과를 이루기도 한다. 그로 인해 다른 사람들의 기대나 압박에 지나치게 영향을 받기도 하기 때문에 성과가 아니라 과정에서 오는 즐거움을 인식할 필요가 있다.

외동 INTJ

외동인 INTJ는 자연스럽게 가족으로부터 자신을 구분하며 성장할 수 있어, 독립적인 사고와 행동을 하는 데 능숙하다. INTJ는 종종 자신의 관심 분야에 대해 깊이 파고들며 강한 집중력을 보인다. 자신의 목표를 설정하고 계획과 전략을 세우는 데 능숙하기 때문에 자기 주도적으로 학습한다. 그러나 이런 장점들과 별개로, 외동인 INTJ는 때때로 다른 사람들과의 협동이나, 타인의 감정을 이해하는 것에 어려움을 겪을 수 있다. 이러한 측면은 INTJ가 상호 작용하고, 다른 사람들과의 관계를 유지하는 데 있어 주의를 기울여야 하는 영역이다.

INTJ에게 연애는 특별한 관계에서 의미를 얻고자 하는 것

INTJ는 일반적으로 얕고 잠깐의 관계보다는 깊이 있고 의미 있는 관계를 선호한다. INTJ에게 연애는 단순히 호기심에서 비롯되는 것이 아니라, 깊은 이해와 존중을 바탕으로 발전시켜 나가는 과정이다. 당신과의 연애에서도 INTJ는 끊임없이 자신과 당신을 이해하려 노력하며, 이를 통해 당신과 더욱 강한 유대감을 형성하려고 할 것이다.

INTJ는 당신과의 관계에서 상호 이해와 긴밀하게 연결되어 느낄 수 있는 유대감을 중요하게 여긴다. 때문에 당신과 감정적인 충돌을 최소화하기 위해 감정적인 문제가 발생했을 때 이를 효과적으로 관리하고, 문제 해결을 위해 논리적인 접근 방식을 선호한다. 감정적인 분위기가 격해질 때, INTJ는 상황을 진정시키고 문제를 객관적으로 분석하여 둘 사이의 해결책을 찾아내려 할 것이다. "이 문제를 해결하려면 우리가 무얼 할 수 있을까?"

하지만 이런 특성 때문에 때때로 INTJ 연인이 당신의 감정적인 부분을 무시하는 것 같아, 온전히 이해받지 못한 느낌이 든다. 그러나 INTJ는 당신의 감정을 중요하게 생각하지 않는다는 것이 아니라, 그저 논리적으로 해결하려는 경향이 강한 것이다. 이 문제로 당신과 INTJ 연인이 자주 다투게 된다면, INTJ는 당신에게서 자신이 있는 그대로의 모습으로 받아들여지지 않는 것 같아 매우 실망할지도 모른다. 따라서 당신은 INTJ 연인의 특성을 이해하고 바꿀 수 없는 부분을 바꾸기 위해 매달리지 않는 게 좋다. 그보다는 어떤 상황에서도 침착을 유지하며 논리적으로 해결을 하는 INTJ의 장점을 높이 평가하며 단점을 사랑으로 감싸는 지혜가 필요하다.

당신이 INTJ에게 반했다면, INTJ의 진지한 태도와 논리적 해결력 때문일 것이다. 처음 INTJ를 만났을 때는 표정도 별로 없고 비판적으로 말하는 것 같아 차가운 사람인 줄 오해했지만, 알면 알수록 진중하면서 허튼소리는 하지 않는 사람이라는 걸 알게 됐을 것이다. 또한, 멘탈이 와장창 깨질만한 상황에서도 INTJ가 차분한 태도를 유지하며 가장 괜찮은 해결책을 내놓는 걸 보고, 이 사람의 흔들리지 않는 편안함에 놀랐을지도 모른다.

이뿐만 아니라, INTJ 연인과 당신이 만남을 지속할수록 INTJ가 당신의 성장에 관심이 많고 당신이 성장할 수 있게 말없이 도움이 되어주어, INTJ의 매력에 점점 더 빠져들었을 것이다. 앞으로도 INTJ가 당신에게 감정 기능이 고장 난 로봇처럼 대하는 것 같아 속상할 때면, INTJ의 이런 장점을 생각하며 속상한 마음을 스스로 달래어 보는 게 좋겠다.

———

INTJ와의 데이트는 지적인 향유나 자연 속의 조화를 느낄 수 있게

INTJ는 당신과 지적인 대화를 나누는 것을 좋아한다. 지적인 대화를 나눌 수 있는 곳이라면, 장소에 대해서는 딱히 상관하지 않을 것이다. 그러나 INTJ가 좋아하는 곳이라면 많은 지식이 책으로 집약된 도서관이나 서점이다. INTJ는 책을 읽는 것을 좋아하는 경우가 많은데, 그 이유는 책은 문자와 종이로 지식을 쉽게 접할 수 있게 만들어졌기 때문이다. 거기다 책이라는 물성은 통제력이 강한 INTJ가 계획하고 실천하기에 좋은 도구이기 때문이다. INTJ는 일정한 시간과 책의 진도를 정해 마스터할 것이다.

당신이 만약 INTJ처럼 책을 좋아하지 않는다면, 함께 강연이나 공연에 가는 것을 추천한다. 강연은 사람의 목소리로 듣는 책과 같은 효과로서 INTJ와 함께 즐기기 좋고, 공연의 경우에는 감각적 경험을 넓히는 데 도움이 된다.

공연과 같은 맥락에서 INTJ는 자연에서 캠핑이나 피크닉 또한 즐길 것이다. 평소 인간관계에서 감정적 소통이 어려운 INTJ는 비교적 사람이 적은 자연 속에서 평안함을 얻고 당신과 속 깊은 대화를 차분하게 나눌 수 있어 좋아할 것이다. 당신 또한 자연 속에서 좀 더 여유 있게 데이트하면서 INTJ 연인의 장점을 더 발견할 가능성이 높다.

연령대별 INTJ 특성과 연애 공략법

20대 INTJ

20대의 INTJ는 대학에서 공부하거나 새로운 직장에서 자신의 사고를 확장하고, 다양한 경험을 추구하기 위해서 다양한 사람들을 만나고 새로운 문화도 적극적으로 수용한다. 이런 청년기의 다양한 경험은 INTJ가 자신의 아이디어를 확장시키고 현실에 적용하는 방법을 터득하게 한다. 당신이 INTJ와 친해지고 싶다면, INTJ의 아이디어를 존중하고 이해하는 모습을 보여주는 것이 중요하다. 만약 INTJ의 생각이 실현 가능성이 적다는 점을 들어 지적한다면, INTJ는 괜찮다고 말하면서 당신과 한 걸음 멀어질 것이다.

30대 INTJ

30대에 INTJ는 자신의 전문 분야에서 위치를 확고히 하며, 자신의 경력을 발전시키고 더 깊은 전문성을 추구하고자 한다. INTJ는 전략적인 목표 설정과 결정을 통해 업무 성과를 향상하는 가장 효율적인 방법을 찾아내 뛰어난 성과를 보인다. 능력 발휘를 하고 싶어 하는 INTJ를 사로잡는 방법은 당신이 INTJ의 전문성과 노력을 인정하고, 업무 성과를 칭찬하는 것이다. 그러면 INTJ는 당신에게 도움이 되기 위한 게 뭐가 있나 찾을 것이다.

40대 INTJ

40대 INTJ는 삶의 방향성을 재평가하고 지금까지 배운 것을 바탕으로 더욱 완벽한 인생을 구축하는 데 초점을 맞출 것이다. 이 시기에 INTJ는 20년 전 자신의 머릿속에 있는 이상적인 세계를 어느 정도 현실에 구현하며, 자신의 가치관과 세계관을 견고하게 정립한다. 이 시기에 40대 INTJ는 자신의 가치관과 세계관을 이해하는 사람에게 매력을 느낄 것이다. 당신은 INTJ의 사고방식을 존중하고, INTJ가 어떻게 세상을 바라보는지 이해하려고 노력하는 것이 좋다.

INTJ를 사랑하는 당신을 위한 조언

- 차가운 겉모습 안에 따뜻함을 품고 있는 INTJ. 다른 사람은 모르는 INTJ의 진짜 매력을 당신은 알고 있죠. INTJ가 당신의 연인이라면, INTJ는 당신에게 말이 아니라 행동으로 사랑을 표현할 거예요. 바로 당신만 바라보기! 당신이 성장할 수 있게 돕기! 당신이 혼란스러워할 때 해결책 제시해 주기!

- INTJ의 일관되게 논리적인 태도에 반해놓고, 혹시 당신의 마음을 이해하지 못한다고 서운해 하고 있진 않나요? 당신이 INTJ와 오래 행복하려면, INTJ가 가끔 감정 기능이 고장 난 것처럼 행동하는 걸 이해해야 해요. INTJ도 노력하지만, 로딩 시간이 필요해요.

- 마이웨이를 가는 INTJ의 독립성, 혼자서도 뭐든 잘 해내죠. INTJ는 연인인 당신에게도 자신에게 기대기보다는 독립적으로 행동하길 기대할 거예요. 만약 당신이 INTJ에게 지나치게 기대려고 한다면, INTJ는 뒤로 몇 걸음 물러설지도 몰라요.

세계와 연결되어 있는
INFJ

"난 항상 널 느껴."

#읽히지않는책 #타인의감정을읽는초능력자
#따뜻하고비밀스런철학자 #세상의아픔을담당

INFJ에 대해 사람들이 얘기할 때 "너무 말이 없어", "너무 말이 많아", "따뜻한 사람 같아", "냉정하던데?" 등 전혀 다른 평가를 하는 경우가 왕왕 있다. 이 상반되는 평가는 모두 INFJ에게 해당하는 이야기로, 누구와 함께 있느냐에 따라, 어떤 상황이냐에 따라 INFJ는 다른 모습을 하고 있기 때문에 평가가 갈린다.

INFJ는 자신과 함께 개인, 혹은 사람들에 영향을 잘 받고 분위기를 빠르게 읽기 때문에 상대가 기대하는 역할이나 집단 내 균형을 위해 필요한 역할을 수행한다. 말이 너무 많은 사람들 사이에서는 말을 하지 않고, 차가운 분위기에서는 따뜻한 말과 행동을 아끼지 않는다. INFJ는 자신이 있는 환경과 사람에 대한 감정적 이해력이 뛰어나 누군가 어려움을 겪고 있다면, 맞춤형 도움을 주기 위해 노력한다.

INFJ, 독특한 시선으로 세상을 바라보는 통찰자

이러한 INFJ의 타인에 대한 깊은 이해에 대한 노력은 지나치게 눈치를 보는 것으로 이어지기도 한다. INFJ는 다른 사람의 생각이나 감정에 굉장히 민감해서 때때로 다른 사람들의 평가나 비판에 너무 많은 영향을 받는다. 거기다 내향적이기 때문에 외부 세상과 소통하는 게 어려운데, 특히 자신에게 호의적이지 않다고 여기면 자신의 생각과 감정을 표현하는 것을 굉장히 어려워해 스스로에 대한 변호를 포기한다.

이해 받기를 간절히 원하지만, 어떠한 이유에서든 자신이 이해받지 못했을 때 INFJ는 이 넓은 우주에 자기 혼자 두둥실 떠는 것 같은 외로움을 느낀다. 만약 INFJ가 인플루언서라면, 자신에 대한 근거 없는 악성 댓글에 깊은 상처를 입어 그동안 왕성하게 했던 활동을 접고 "어차피 혼자인 인생"하며 어느 날 은둔 생활에 들어갈 수도 있다.

INFJ는 자신의 내부 세계에 깊이 몰입하는 경향이 있어, 자기 생각과 감정, 그리고 INFJ가 관찰하고 이해한 세상에 대한 통찰력을 가치 있게 여긴다. INFJ는 내면세계에서 영감을 얻어 자신만의 독특한 방식으로 세상을 바라보고 이해하는데, 이 과정에서 INFJ만의 깊이 있는 아이디어와 그 아이디어를 기반으로 한 창조적인 성과를 내기도 한다. INFJ가 소설가라면, 이전에 보지 못했던 놀라운 이야기를 발표해 많은 사람에게 감동을 줘, 독자에게 같은 문제를 다르게 볼 수 있는 관점을 제시할 수 있다.

INFJ의 통찰력은 일상에서도 발생한다. INFJ와 깊은 관계를 맺고 있는 몇 안 되는 사람들은 INFJ와 대화를 하다가 내면의 문제나 사건 이면에 있는 중요한 감정을 깨닫기도 한다. INFJ 는 친한 사람들 사이에도 일정한 선을 긋고 넘어오는 것에 민 감하기 때문에 INFJ를 이해하고 내면세계까지 알게 되는 사람 은 지극히 소수이다.

INFJ는 무엇보다도 자신의 가치관에 따라 행동하는 것을 중 요하게 여기며, 이를 통해 자신이 속한 세상을 더 나은 곳으로 만들려고 노력한다. 만약 여러 상황적 압력에 의해 INFJ가 자 신의 가치관에 어긋나는 행동을 했다면, 아무리 결과가 아무에 게도 해를 끼치지 않았다 해도 오랫동안 후회하면서 자신을 원 망할 것이다. INFJ와 가까운 사람들은 종종 INFJ가 필요 이상 으로 양심적이고 자신을 괴롭히는 것 같아 안타까움을 느낀다. 이처럼 INFJ는 무엇보다 타인과 세상을 더 이롭게 하고자 하 는 원대한 꿈을 가지고 자신의 가치관대로 행동하는 것을 중요 하게 여긴다.

출생순위로 살펴보는 INFJ

첫째 INFJ

첫째로 태어난 INFJ는 주로 부모의 행동을 모델링하고 부모의 피드백에 따라 자신의 가치관을 형성한다. 첫째 INFJ는 자신이 부모와 동생들의 중심이 되어야 한다는 책임감을 가지고 가족 구성원들의 감정을 민감하게 고려하여 가족 안에서 발생한 문제를 해결하는 데 뛰어난 능력을 보인다. 그러나 문제를 해결하는 과정에서 INFJ는 가족 구성원들의 부정적 감정에 압도되어, 공감 피로를 호소할 가능성이 높다. 그렇기 때문에 INFJ는 가족이라도 감정에 깊이 관여하여 매몰되지 않도록 주의해야 한다.

중간 INFJ

중간 INFJ는 첫째와 막내 사이에서 갈등이 생겼을 때 양쪽을 위로하고 첨예하게 갈리는 이견을 조율하는 역할을 맡게 된다. 가족의 감정에 민감하기 때문에 가족이 행복하면 자신 또한 행복하다고 여겨, 가족이 함께 즐거운 활동을 계획하는 데 능숙하다. 그러나 중간 INFJ도 가족과 자신의 감정과 욕구를 구분

짓는 노력을 해야 하며, 자신을 혹사하는 줄도 모르고 가족에게 헌신하는 것을 조심해야 한다.

막내 INFJ

막내에게 비교적 관대한 가족 분위기라면, 막내 INFJ는 다른 INFJ에 비해 자유로운 영혼의 소유자일 가능성이 높다. 막내 INFJ는 '~해야 한다'는 당위에서 벗어나, 가족 구성원들에게서 많은 것을 배우면서도 가족과 다른 자신만의 방식을 찾을 것이다. 만약 가족의 전체 분위기가 과묵하고 위계질서가 명확하다면, INFJ는 이에 적응하지 못하고 철벽을 치고 자신만의 비밀을 만들어 갈 수 있다.

외동 INFJ

자신만의 내면세계에 더 많은 시간을 보내는 경향이 있다. 외동 INFJ는 부모와 이야기 나누는 것을 즐기면서도 혼자만의 시간을 가져야 하며, 혼자 있는 동안 자신의 감정과 생각에 깊게 몰입하여 자신의 가치관과 세계관을 정립한다. 외동 INFJ는 어떤 문제에 닥치면 자신만의 해결책을 찾아내는 것을 즐거워하며, 자신이 이상적으로 생각하는 세계를 꿈꾸며 계획을 세우는 것을 좋아한다.

———

INFJ에게 연애는 영혼을 들여다보는 거울에 얼굴을 비추는 것

INFJ 연인은 당신과 정신적으로 깊은 교감을 나누는 것을 원하기 때문에 가치관, 생각, 감정, 소통 방식 등 여러 면에서 진지하게 고민한다. 그렇기 때문에 당신이 INFJ와 진지한 만남을 원하는 것이 아니라면, INFJ는 이를 금방 눈치채고 당신에게서 관심을 철회할 것이다. INFJ는 연애에서 상대의 신체적 매력보다 정신적인 측면을 더 중요하게 생각하고, 무엇보다 정서적인 소통 없이는 연인이 될 수 없다고 여긴다.

INFJ는 연애에 있어서도 이상주의자이다. 완벽한 연인을 꿈꾸며, 그 꿈을 현실로 만들기 위해 노력한다. 현실적인 문제를 고려하지 못한 INFJ의 이상주의적 경향은 때로는 현실과 이상 사이의 간극으로 인해 실망감을 느끼게 된다. 연애에서는 분명 데이트 비용이 발생하기 마련이고, 누군가는 이걸 감당해야 한다. 그러나 INFJ는 그것이 연애의 걸림돌이 되는 현실적인 문제에 대해선 전혀 대비하지 않는다. 결국 INFJ와의 연애에서 오는 가장 큰 걸림돌은 현실적인 문제가 될 가능성이 높다. 그러므로 INFJ는 연애에서 이상과 현실 사이에서 균형을 유지하는 것이 중요하다.

만약 당신이 INFJ에게 반했다면, 아마 INFJ의 섬세하고 진지한 성격에 반했을 것이다. INFJ는 당신과의 연애에서도 이런 모습을 보이며, 연인인 당신을 위해 많은 시간과 노력을 들이는 것을 당연하게 여기고, 당신이 편안하게 느낄 수 있는 안정적인 분위기를 만들어 낼 것이다.

INFJ는 당신을 만날 때면, 당신에게 온 감각을 집중하며 언어로 다 전해지지 못한 정보까지 파악한다. 만약 당신이 힘든 시기를 겪고 있다면, INFJ는 당신의 감정 상태를 정확하게 파악하고 적절한 위로와 지지를 제공할 수 있다. 당신이 어려움을 극복할 때까지 INFJ는 조용히 응원하며, 당신에게 필요한 것이 무엇인지 가만히 살펴보고 부족한 게 있으면 채워 넣을 것이다. INFJ에게 상대의 감정 읽기는 너무 쉬운 과제이며, 때로는 당신이 무슨 감정을 갖고 있는지 모를 때조차 그 감정을 파악하기도 한다.

INFJ의 이런 감정적 섬세함은 동시에 단점으로 작용하는데, INFJ는 사람들과 너무 깊이 연결되어 있기 때문에, 연인인 당신의 문제를 자신의 문제처럼 느끼고 어떨 때는 당사자보다 더 힘들어하며 고민하기도 한다. 당신에게 도움이 되어야겠다는 생각이 지나쳐, 스스로 감당하지 못할 스트레스를 받고, 자신의 감정과 필요를 무시하기까지 한다.

따라서 INFJ는 자신의 감정을 챙기는 것이 매우 중요하다. INFJ는 자신이 행복하고 안정적일 때, 오히려 다른 사람을 더욱 잘 도울 수 있다는 것을 깨닫고, 다른 사람을 돕고자 하는 마음처럼 자신 또한 애정을 가지고 살펴야 한다. 당신 또한 INFJ 연인이 개인적인 시간과 공간을 갖는 것에 대해 존중해 주며, INFJ가 충전할 때까지 기다려 주는 것이 필요하다.

───────

INFJ와의 데이트는 공유와 공감을 통해 깊은 연결감을 느낄 수 있게

INFJ는 당신과의 데이트에서 대화를 통한 연결을 선호할 것이다. 표면적인 대화보다는 더 깊이 있는 주제에 대해 이야기하는 것, 예를 들어, 삶의 목표나 꿈, 개인적인 가치관, 사회 문제 등에 대한 이야기를 나누는 것을 좋아한다. 그래서 INFJ와의 첫 데이트에서는 조용한 카페나 식당 같은 곳이 적당하다. 이런 장소에서는 깊은 대화를 나눌 수 있는 적당한 분위기를 조성할 수 있기 때문이다.

또한, INFJ는 자신의 삶과 가치에 대해 공감하는 사람들과의 관계를 중요하게 생각해, 소소한 일상의 아름다움을 공유하고, 함께 성장하고 발전하는 것을 중요하게 생각한다. 따라서, 도서관이나 미술관, 자연공원 등의 장소를 방문하는 것도 좋은 데이트 아이디어가 될 수 있다. 특히 동물과 함께 놀 수 있는 곳은 INFJ의 섬세한 감성을 발휘할 수 있는 곳이라 할 수 있다. INFJ는 인간을 넘어, 동물의 감정이나 욕구에도 민감해서 동물과도 깊은 교감을 하기 때문이다.

당신이 INFJ와 데이트 장소를 정할 때 어려움을 느낄 때가 종종 있는데, INFJ가 자신의 의견을 강하게 표현하지 않는 점 때문일 것이다. INFJ는 대체로 조화를 중요하게 생각하며, 때로는 자신의 의견을 억제하고 타인의 기분을 살피려 한다. 따라서, INFJ에게 의견을 내더라도 안전하다는 것을 보여주고, INFJ가 원하는 것을 표현하도록 돕는 것이 중요하다.

INFJ와의 데이트는 당신의 삶에서 자신을 돌아보는 깊이 있는 경험이 될 수 있다. INFJ와 함께 하는 시간은 단순한 즐거움이 아니라, 상대방을 이해하고, 함께 성장하는 시간이 될 수 있기 때문이다. 그렇기 때문에, 이러한 경험을 즐기고, 그들의 섬세함과 깊이를 이해하고 존중하는 것이 중요하다.

연령대별 INFJ 특성과 연애 공략법

20대 INFJ

20대 INFJ는 그들의 가치와 직관에 따라 삶의 방향을 찾는 중이다. 이 시기에 INFJ는 개인적인 가치와 목표를 명확하게 하는 것에 중점을 두고, 그에 따라 사회적인 상황을 해석하거나 판단한다. 또한, INFJ는 대체로 심오한 관계를 선호하므로, 이 시기부터 자신과 가치관이 맞는 사람과의 장기적인 관계를 추구할 가능성이 높다.

INFJ와의 관계에서는 INFJ의 깊은 생각과 가치를 이해하고 공유하는 것이 중요하다. 따라서 아직 이뤄낸 것보다 이뤄낼 것이 더 많은 20대 시기에 INFJ의 이상적인 이야기를 너무 현실적 실현 가능성으로 평가해 비판하면 INFJ는 깊은 내상을 입고 무기력해질 것이다. 따라서 20대의 INFJ에게는 격려가 무조건적으로 필요하다.

30대 INFJ

30대에 접어들면서 INFJ는 그들의 가치와 목표에 대한 이해가 깊어지면서 더욱 성숙해지는 경향이 있다. 그들은 이 시기에 자신의 사회적 역할을 확고히 하며, 자신의 가치를 실현하는 데 필요한 계획을 세우려 한다. 이 시기의 INFJ는 사람들과의 관계에서 INFJ의 가치와 목표에 대해 지지 받고, 노력을 인정받는 것을 중요하게 여긴다. 당신이 INFJ를 아낀다면, INFJ가 마주하는 어려움에 대한 이해와 지지를 제공하면서, 그의 개인적인 성장을 지지하는 것이 필요하다.

40대 INFJ

40대 INFJ는 자신에게 중요한 가치와 목표를 실현하는 데에 성공하며, 자신의 삶에 대한 더 깊은 이해를 얻는 경향이 있다. 이 시기에 종종 자신의 가치와 비전에 따라 삶의 의미와 목적을 적극적으로 탐구한다. 당신이 40대 INFJ와의 관계를 효과적으로 이끌어가려면, 그동안의 성취에 대한 인정과 더불어 INFJ의 가치관과 목표를 이해하고 지지하는 것이 중요하다. 또한, 삶의 다음 단계에 대한 생각을 공유하면서 INFJ가 당신을 깊이 이해할 수 있게 당신의 가치관과 목표를 공유하는 것이 필요하다.

INFJ를 사랑하는 당신을 위한 조언

- INFJ와의 만남에서 살면서 처음으로 이해받았다는 느낌을 경험했나요? 그렇다면, 당신은 INFJ의 매력에 빠져 한동안 벗어나지 못할 수 있습니다. INFJ는 그동안 당신이 생각지 못했거나 외면했던 삶의 문제에 대해 깨닫게 할 수 있어요. 그 기회를 통해 당신은 더욱 괜찮은 사람이 되었다는 느낌을 받을 수 있을 거예요. 그 기회를 놓치지 말아요.

- 처음에는 참 다정하고 따뜻한 사람이라는 생각이 들었는데, 어떨 때 보면 너무 차가울 때가 있죠? INFJ가 방전되면 그렇게 돼요. INFJ는 좀 쉽게 방전되는 편인데, 다른 사람의 감정을 너무 잘 알아채는 초능력이 있기 때문이에요. INFJ에게 조금 시간을 주면, 금방 회복될 거예요.

- INFJ는 영화를 봐도 잘 울고, SNS에서 아주 짧은 슬픈 영상만 봐도 눈에 눈물이 그렁그렁하죠? 그것 말고도 사람들 사이에 일어나는 조그만 갈등에도 INFJ가 자기 일처럼 많이 아파하지 않나요? 이것도 INFJ의 초능력과 이어지는 부작용 중의 하나인데, 당신이 이야기를 들어주고 INFJ의 등을 가만히 토닥토닥해 주면 나아질 거예요.

빈틈에는 당신의 빛나는 지혜를 채워 넣기를

여기까지 다 읽은 당신은, 이 책을 쓴 저자의 의도를 충분히 파악했을 거라고 생각한다. '고수는 장비 탓을 하지 않는다'는 표현을 여기에 쓰는 것이 적절한지 모르겠지만, MBTI는 당신이 누군가를 깊이 이해하기 위해 참고하는 도구 중 하나일 뿐이다. 만약 당신이 심리학 전문가라면, MBTI 검사를 당신의 연구에 활용하는 게 그리 유용하지 않을 것이다. MBTI 말고도 현재 더 적절하게 활용할 수 있는 성격 검사는 많기 때문이다. 그러나 이 책을 읽은 당신이, 사람을 만나는 데에 지치고 어떻게 만나야 하는지 몰라 방황하고 있는 청년이라면, 이 책을 적절하게 활용할 수 있을 거라 생각한다.

책을 쓰면서 우려되는 게 있었는데, 그중 하나는 MBTI에 이미 과몰입하고 있는 일부의 사람들에게 혹시나 이 책이 또 다른 오해나 엉뚱한 확신을 주게 될까 봐 하는 점이었다. 유형에 대해 설명하면서 하나의 유형에 대한 설명이 다른 유형과 겹치는 부분이 꽤 있었지만, 그 유형의 독특한 점을 강조하기 위해 선택과 집중을 해서 기술해야만 했다. 또한, 동일한 유형이라도 출생 순서에 따라, 연령에 따라 조금씩 다르게 성격 personality이 발현될 수 있다는 점을 드러내고자 했지만, 개인이 처한 상황까지는 통제해서 기술할 수는 없었다.

동일한 유형이라 하더라도 현실에서 그 유형의 사람이 자라온 배경, 처한 상황과 대상에 따라 성격의 일부분이 다르게 자극되어 행동으로 나타나, 그 사람의 고유한 역사를 형성하기 때문에 적절한 예시를 드는 것에도 고민이 많았다. 한 사람을 둘러싼 관계성과 상황이 그 사람의 최종 행동, 인생의 가치관이나 자기상自己像에 엄청난 영향을 미친다. 그렇기 때문에 차마 문자로 명명하지 못하고 여백으로 놔둔 부분에 대해선 인간에 대한 당신만의 통찰을 채워 넣길 바란다.

이 책을 쓰면서 MBTI의 각 유형을 살아있는 인간처럼 여기고, 때로는 내가 아끼는 사람을 떠올리며 애정을 담았다. 오해보다는 이해하기를 바라며 썼다.

그리고 우리는 누군가를 완벽하게 이해하지 못한다고 하더라도 사랑할 수 있다. 이해의 한계와 틈은 언제나 존재하고, 그럼에도 불구하고 우리는 누군가를 깊이 사랑하고, 사랑해야만 사는 의미를 갖는 존재이다. 그렇기 때문에 어디에나, 언제나 발생할 수 있는 빈틈은 삶에 대한 즐거움으로 남겨두며, 이 책을 마무리하려 한다.

A

Love is . . .

살다보면 그렇게 됩니다.
아무것도 셈하지 않고, 무엇도 바라지 않으며,
있는 그대로를 기쁘게 받아들이는 일.
살다보면 사랑도 그렇게 완성될 겁니다.

이병률, 에세이 《바람이 분다 당신이 좋다》

'그 사람'이라는 오지를 탐험하는
당신을 위한 내비게이션

MBTI
연애심리학

초판 1쇄 인쇄 | 2023년 8월 28일
초판 1쇄 발행 | 2023년 9월 7일

지은이	박성미
펴낸이	전준석
펴낸곳	시크릿하우스
주소	서울특별시 마포구 독막로3길 51, 402호
대표전화	02-6339-0117
팩스	02-304-9122
이메일	secret@jstone.biz
블로그	blog.naver.com/jstone2018
페이스북	@secrethouse2018
인스타그램	@secrethouse_book
출판등록	2018년 10월 1일 제2019-000001호

ⓒ 박성미, 2023
ISBN 979-11-92312-57-6 03320